あたまから
つま先まで

ザ・まさこスタイル

はじめに

これは一冊まるごと、伊藤まさこさんと、
おしゃれについておしゃべりした本です。
季節ごとに、いま、お気に入りのコーディネートを全公開。
大切にしているクローゼットの中身と、ウソ偽りのないおしゃれ哲学を、
惜しむことなく披露してもらいました。
その真髄をひとことでいえば、乙女心とやせがまん。
春になれば、どんなに寒くても、できるだけ早く素足に。
秋になれば、まだまだ暑くても、誰よりも早くタイツに。
季節をいちばんに感じるためには、多少のムリもおしゃれのうち。
夏は千円のビーサンがサンダルがわりという大胆不敵さの反面、
下着やバッグの中のハンカチ、めったにしない腹巻きのかわいさにも
決して妥協しない、それがザ・まさこスタイルなのです。
いつ会っても、さきっぽまでぴかぴかのつるつる。
お肌もとてもきれいなまさこさんですが、40歳を過ぎ、おしゃれの大前提は、
からだを整えることと、ひしひし実感しているのだとか。
そんなまさこさんが朝晩かならずしていることって?
とはいえストイックにはならず、どこまでも貪欲に楽しみながら
きれいになる方法を見つけ出そうとするのが、稀代のエピキュリアン
(快楽主義者)であるまさこさんならでは。
おしゃれだって他の誰でもない自分を喜ばせるため。
たっぷり眠って、おいしいものを食べて、好きなことをして。
きれいの基本は何より「元気」ということかもしれません。
今日も明日も、すこぶる元気。
まさこさんが輝いている秘密、満載です。

もくじ

冬

2月生まれのまさこさんは冬が大好き。
なにしろ人並みはずれて暑がりですから、
一年でいちばん快適に過ごせる季節の到来に
おしゃれ心にも弾みがつきます。
トレンド？　それ何ですか？　と
わが道をゆくまさこスタイルも絶好調。
シルエットはあくまでクラシック、
ファーやストール、お約束の小さなバッグで
冬ならではのもこもこ感を楽しみます。
上品でニュアンスのある色づかい、
とりわけ黒や茶で無難にまとめがちな
足もとのおしゃれは要チェック。
服の分量のぶん、顔まわりはすっきりとさせ、
寒いからこそ、しゃきっと姿勢よく
颯爽と歩くようにしている、とまさこさん。
おしゃれとは服選びに終わらず、
そこからはじまるものなんですね。

冬はおしゃれ絶好調

ギャザー
スカートが
大好き

真っ白コットンのギャザースカートは
一年中はいています。
冬はタイツと合わせて。
ジャケットはフォルテ フォルテ。
ジャケットを着ることは少ないけれど
こんな柔らかな素材なら、
あまりかちっとせずに
すんなり着こなせます。
ずいぶん前に買った
どこかの外国ブランドのマフラーは、
黒とネイビーの組み合わせ。
インナーに白いタートルを合わせると
きちんとした感じになるけど、
こんなふうに、マフラーを
ぐるぐる巻きにすれば
かわいらしい感じに。

—まさこさん(以下㋮)のおしゃれは、基本的に正統派というか、クラシックですよね。

㋮ そうなの？ 考えたことない。ただ好きなものは昔から変わらない。この間も久しぶりに学生時代の友だちに会ったら「昔と同じ恰好」って驚かれた。

—その時は何を着てたの？

㋮ 上は忘れたけど、下はギャザースカート。膝下丈ぐらいの。

—初めて自分で欲しいと思って買った服っておぼえてる？

㋮ 買ったんじゃなくて、12歳ぐらいで自分で縫ったのが最初かな。それもギャザースカートだった。ウエストにゴム入れて。

—ふんわり？

㋮ そう、ふんわり(にっこり)。その時からスカートはいつも膝下丈で、私、ロングスカートってはいたことないかも。背が低いから似合わないし。

—身長は？

㋮ 155・4とか5とか。四捨五入して160センチ。

—こらこら。

ダッフルは好きなアイテムですが
私にはサイズが大きすぎるものが多くて。
昔、買ったことがあるのは14歳の子供用。
ところが、私より背の小さい知人が
サイズぴったりのダッフルを着ているではありませんか！
すかさず「どこの？」と聞いたところ
ドゥロワーのと教えてくれて、翌日、買いに走りました。
晴れて40代で再ダッフルデビュー。
ダッフルには、これまたなんだか
私にはあまり似合いそうにない……と
思いこんでいたスニーカーを合わせて。
ニューバランスのUKバージョンで
すっきりほっそりの形が気に入りました。
撮影の時や、がしがし歩きそうな旅の時、
ウォーキングの時などに履いています。
スニーカーデビューも43歳にて。

偶然入ったバーニーズのセールで買ったコート。
七分袖でAライン。私の大好きな形です。
コートは黒ですが、軽やかな素材なので、
黒タートルに黒いショートパンツと
他のアイテムも黒でまとめてみました。
真っ赤なバッグはマルニのもの。
黒いリボンがアクセントです。
コートにはファーがついておりまして（右）、
これがふわっふわで、かわいいっ。
けれど存在感があるので、
ファーをつける時はぺたんこの黒い靴とか、
グレーやファーの色に近い茶色のタイツで
足もとを控えめに。

肩まわりの
サイズが
ぴったりだと
きれいに見える

黒いパンツに合わせた
ノースリーブのブラウスはマルニ。
靴はサテンのレペット。
ストールを羽織ってちょっとおしゃれしました。
この時は少し大きめのピアスをして。
マルニは大好きなブランドですが、
どうして好きなの？　と考えると
サイズが自分に合うからかも。
ドゥロワーやドレステリアに
ある服が好きなのも同じ理由。
もちろん、デザインや素材なども
惹かれる理由ですが
「自分に合ったサイズ選び」って
すっごく重要です。

ま　小さいとバランスが悪く見えるから、何かと苦労。

――でもまは、自分に似合う服、自分をきれいに見せる服をよく知っている気がする。

ま　そうかな。もっと背が高ければ何でも似合うかもしれないけどそうじゃないから、服を選ぶ時はそれなりに気はつかう。とくにサイズ感。

――サイズが合ってるということ？

ま　みんな、丈とかウエストには気が行くけど、意外に見落としてるのが肩まわりのサイズ。じつはここが大切で、肩幅やアームホールが自分のからだにぴったりだと、きれいに着られる。

――それは盲点でした。

ま　でしょ？　買ったものの着ない服って、肩が合ってないことが多いんですよ。

――シビアな試着が不可欠と。

ま　そう、基本だと思う。私も試着しないで買ってた時期の服はほとんど人にあげたし、すごく欲しくて、サイズが微妙に合わないのに「何とかなるかも！」と

コットンの
ワンピースは
一年中

これもマルニのコットンワンピース。
ノースリーブなので
夏向きですが、
私はカーディガンと合わせて冬も着ちゃう。
カーディガンはソフィードール、
コーデュロイのジャケットもマルニ。
足もとはブーツで温かく。
コットンの服は一年中、着ています。
だから衣替えもあまり必要ないのです。

買っちゃった服も結局着ない。

――その点でマルニやソフィードールはジャストサイズなんだ。

(ま) 肩幅が小さめにできてるから。あと私は袖が長すぎるのもだめで、断然七分が好き。それでもって襟はノーカラー。今回見直したら、そんなデザインばかりで自分でも発見だった。

――何かで、女性は首と手首と足首と、三つの首を出した方がきれいに見えるって読んだことがある。まさこスタイルは、知らずして、その法則にのっとっていたということね。

(ま) やったー!

――ところでトレンドに興味は?

(ま) 全然ない。これがいま人気ですとか、お店の人に言われても聞いちゃいない(笑)。自分で着る服は自分で決めますー。

――そう尋ねたのはね、靴にだけはそこはかとなくトレンドを取り入れてる気がしたから。厚底サンダルとかブーティーとか。

(ま) そういえば、メイフェイリンの店主、岡本さんの言うことだけ

絶対に似合わないと
遠巻きに見ていたポンチョですが
さりげなくついたリボンに目がくらんで購入。
ジーンズにスエードのブーツ、
ラメが縫いつけられたかごを持って。
黒や茶など定番の色を揃えがちなブーツですが、
思いきって紫を買って正解。
コーディネートのキモになってくれます。
買ったのはユナイテッドアローズだったかな。
この形でからし色やグリーンが
あればいいのに……。

はよく聞くかも。

―青山のセレクトショップの。

（ま）白いギャザースカートに合わせたサルトルのサンダル(P8)は彼女に薦められて買ったんだけど、たしかにいい。流行りかどうかはどうでもいいけど、背も高くなって、ウシシって。

―信用してるんですね。

（ま）彼女、似合わない時は「伊藤さん、それ似合わない」ってはっきり言うし、お世辞を言わないのがいいな。でも、それ以上に厳しいのが14歳の娘。

―どんなふうに?

（ま）私のことをこうやって(と腕を組み、斜に構える)上から下まで見て、「ママ、そのニット着ると、背中が大きい」とか言うの。ほんと容赦ない。

―身近に辛辣なぐらい正直なアド

白いジャケットはドレステリアのもの。
そういえば学生の頃、
こんな感じの古着のコートを着ていましたっけ。
やっぱり、あまり好みが変わっていないのかも。
デニムと、ジャマン ピュエッシュのお花のバッグ、
黒のヒールの靴をコーディネート。
バッグとボタンがアクセサリーがわり、
この時はピアスもつけずシンプルに。

バイザーがいるのは貴重。

㋮ そうそう。自分を知るきっかけにさせてもらってます。

——でも、まさこスタイルは、鉄則として足もと〝女〟って感じ。こんな（↑）ヒールも履いちゃうし。足、痛くならない？

㋮ ならない。痛くなるの？

——バンビロに外反母趾の二重苦ともなると、女らしい靴はたいてい痛い。サイズは？

㋮ 限りなく22に近い22・5。

——小さいというか……（㋮の足を改めて見て）細！ もしかして、靴ずれしたことないとか？

㋮ ないかも。一般的な木型に私の足が合うみたい。みんな靴ずれするの？

——みんなじゃないだろうけど、とくに日本人は足に問題を抱えてる人は多い気がする。

㋮ フランス人は？

——さあ……。

㋮ 私、変なの？

——いや、恵まれているんですよ。華奢な靴が履けてうらやましい。

㋮ うーん。ごつい靴は好きじゃな

足もとおしゃれは
カラータイツで

マルニのコートには
同じ色合いのブーティーを合わせて。
小さなグレーのファーや革の手袋で、
いつもより少し大人？
紫のタイツを合わせましたが、
カーキとか、からし色とか、
グレーを合わせる時も。
タイツの冒険は、やりはじめたら案外楽しくて
毎年いろんな色を買っています。

ソフィードールのワンピースの下にタートルを着て。
気づけば、またネイビーですね。
全体的にワンピースのネイビー分量が多いので、
ブーツやタートル、バッグを
薄いグレーでまとめて和らげます。
バッグはA.P.C.のもの。
ざっくりした毛糸の刺繍と
べっ甲風の持ち手に惹かれて購入。
冬は柄ものをあまり着ないせいか、
こういうバッグを持つと、
いつものスタイルに変化がつけられます。

いけど、女っぽくなりすぎないようにもしてるんだけどな。

——どうして？

(ま)似合わないから（頬をふくらませる）。

——そうかな。

(ま)昔は、自分も大人になれば、自然に樋口可南子さんみたいにしっとりと女っぽくなるもんだと思ってたのに、全然ならない。私の場合、どうしても、おキャンが抜けないというか。

——樋口さんみたいになりたいって昔から言ってますよね。

(ま)樋口さんもだけど、大人の女性がもつしっとり感に憧れる。

——色気というか陰というか……うーん、(ま)は、ちょーっと元気がよすぎるのかな。

(ま)どうすればいいのー。

——しっとり問題はさておき、足が小さいと、今度は靴のサイズがなかったりもするでしょ？

(ま)そうそう。だから見つけた時は、ハッハッて（獲物を見つけて興奮する犬の真似？）感じで色ちがいとかで買っちゃう。

グレーのカシミヤニットはドレステリアのもの。
薄手で、襟の開き具合とか、
アームホールの小ささとか、
なんだかすごく頃合いがいいんです。
あまりによく着ていたので、
慌ててシーズン中に同じものを買い足しました。
もう7〜8年着ているのではないかしら?
スカートもたしかドレステリアのもの。
立体的なパターンで、はくとふんわりと
チューリップを逆さまにしたような形になります。
だからちょっとおすましな感じ。
首もとに巻いたカシミヤのストールはもう10年以上、
毎年お世話になっています。
靴はブレイズのブーツ。
足もとをがっしりまとめたのはその日の気分。
タイツにヒールの靴だと、いつもの定番のスタイルに。

リボンは
ひとつが
お約束

ニットのワンピースは色が気に入って。
こういうブルー系の微妙な色合いが大好き。
グレーのスエードのニーハイブーツは
ロベルト デル カルロのもの。
スカートの丈が短いので、
ニーハイブーツを履かない場合は
厚手のタイツやレギンスをはいて。
ワンピースはウエストのリボンもお気に入り、
リボンもまさこスタイルには欠かせないアイテムですが、
お約束は「リボンはひとつ」。

――（そんな真似するからいけないんじゃないという言葉を呑みこんで）足もとの色って新鮮。

(ま) カラータイツは楽しいですよ。前に知人が黒のワンピースにショッキングピンクのタイツを合わせていて、かわいかった。私はまだまだ、そこまではいけず。

――何色も揃えているの？

(ま) 時々7800円とか、それってタイツの値段じゃないでしょうみたいなのがあるけど、そんな高いものじゃなくて、2000円ぐらいのものを季節に何色か揃えて楽しんでる感じかな。

――惜しみなくはけるように。

(ま) そう、ジャバジャバ洗って、くたびれたら捨てられるように。毛玉は洗濯のたびに取るけど、それでもどうしてもね。

――え？ 洗濯のたびとな？

(ま) 乾かして畳む時に、毛玉取り器でウイーンって。

――そんな便利なものがあるんだ。

(ま) タイツもだけど、洋服って結局消耗品という気が私はして。くたびれてくると貧乏くさくなる

ちょっとしたお出かけに……と買った
ソフィードールのワンピース。
平面だとわかりにくいのですが、
着るとものすごくきれいなラインが出る服です。
グリーンのブーティーに、グリーンのタイツ、
バッグはジャマン ピュエッシュ。
このバッグ、とてもお気に入りで、
ことあるごとに持ち歩いていたせいか
パッチンの片方が取れてしまい、
自分でパーツを買ってつけ直しました。
パッチン部分がお揃いではなくなってしまったのですが
ますます愛着が増しました。
このコーディネートの時は
ワンピースが主役なので
アクセサリーもつけず、シンプルに。

こなれると
くたびれるは
全然違います

知人がはじめたカシミヤブランドのワンピースは
襟の開き具合がとてもきれい。
足もとは黒でまとめるより、
グレーのタイツとハラコのヒールがまさこスタイルです。
からだのラインが出やすい服の時は、
緊張しながら、お腹をひっこめて着ます。
バッグはずいぶん前に買ったジャマン ピュエッシュ、
コートもずいぶん前から愛用のドゥロワーのもの。
ドゥロワーのトレンチはサイズ感が私にちょうど。
こなれ具合がいい感じになってきましたが、
そろそろ、もう1着新しいのを買って、
ぱりっとしたトレンチとこなれトレンチを
シーンごとに着たいな、なんて思っています。

ミナのワンピースは救世主

ミナ ペルホネンのワンピースは
色とりどりのちょうちょが一面に！
乙女の心を
そのまま形にしたようなワンピースではありませんか？
皆川さ〜ん！！
買う時は、私がこれを着ていいの？　とひるみましたが、
色合いが落ち着いているので「どうにかいけるかも」。
さらりと一枚着るだけで、
おしゃれしたような気持ちになるので
慌てていて、コーディネートが考えられない！
なんて時に助かります。
今までに何度、ミナのワンピースに助けられたことか……。
同じシーズンに買ったミナのコート、
これまた裏地がちょうちょです。
皆川さ〜ん！！

から、そこをどうするかが問題。

―長く着ることで、味わいが増す服もあるんじゃない？

㋮ それこそジェーン・バーキンとかマーガレット・ハウエルのような雰囲気のある人なら、例えばくたくたのトレンチや毛玉つきセーターもすてきに着こなせると思うけど、私には着こなす自信、ないなあ。

―だからいつも、ぱりっと着ることを心がけているんだ。

㋮ そう。くたくたも毛玉もかわいいとは思うけど、自分には似合わないと思ってるから。とくに年をとってくるとなおさら。

―長く着た服がこなれて味に見えるか、くたびれて見えるかは、着る人によると。

㋮ そう考えると、おしゃれって、やっぱりその人そのもの。こわい、こわい。気をつけなきゃ。

からだのお手入れ

さきっぽケアが大切です

ふとした時に目に入る他人のかかと。
そこのあなた、見られていますよー。
手入れの行き届いた
つるっとしたかかとを見ると
ああ、この人はきちんとしてると思います。
どんなに着飾っていても、
家のトイレやキッチンが汚れてる人は
すてきに見えない……
そういう感じと似ているのかも。
あまり目につかないところのケアこそが
おしゃれの第一歩。
とはいえ、年々かかとはかたくなるし
「いつもきれい」はほんとに大変！

足

むだな角質はからだのもやり・・・

素足の季節、足のケアはいつにもまして念入りに。フットケアのエステに月に一度、家では角質が気になったら専用のやすり（左上）でこすり、洗い流してガマルドの専用クリーム（左から2番目）を塗る。時々その隣のスクラブも使用。右端はリヨメールのシャワージェル。
ペディキュアはシャネル一筋！　この夏からは何と、娘が両足200円という破格の安さでペディキュア塗りのバイトを開始！　絵を描くのが大好きな娘。絵心がうずくようで、一生懸命に塗るその姿は、まさに職人のそれ。

（ま）もともとお化粧にも興味ないし、30代前半までは、お手入れもせず勢いだけでいけたんだけど。

――じゃあ、いつから？

（ま）38歳の時、ある朝起きて鏡を見たら顔がグレーで愕然とした。

――グレー？　灰色？

（ま）そお（泣き顔）。それまでは毎晩深酒しても翌朝はケロッとしてたのに、突然グレーで、最初は鏡が汚れてるのかと思ってゴシゴシ（磨く身ぶり）。

――でも鏡のせいじゃなかった。

（ま）鏡のせいとか、光のせいとか、言い訳が尽きた時に初めて年齢だって気づいたの。いまグレーってことは、もっと年とったらいったい何色になるんだって。

――そこから発奮。

（ま）毎日肉にお酒にチョコレートケーキ2個を平気で食べてたから、体重も3キロふえてて、まずは知人が痩せたという中国鍼へ。

――食事制限とか運動じゃなく？

（ま）それは絶対ムリ。何とかラクして痩せようと（笑）。

――鍼はいまも続けてる？

手

ハンドクリームは必携

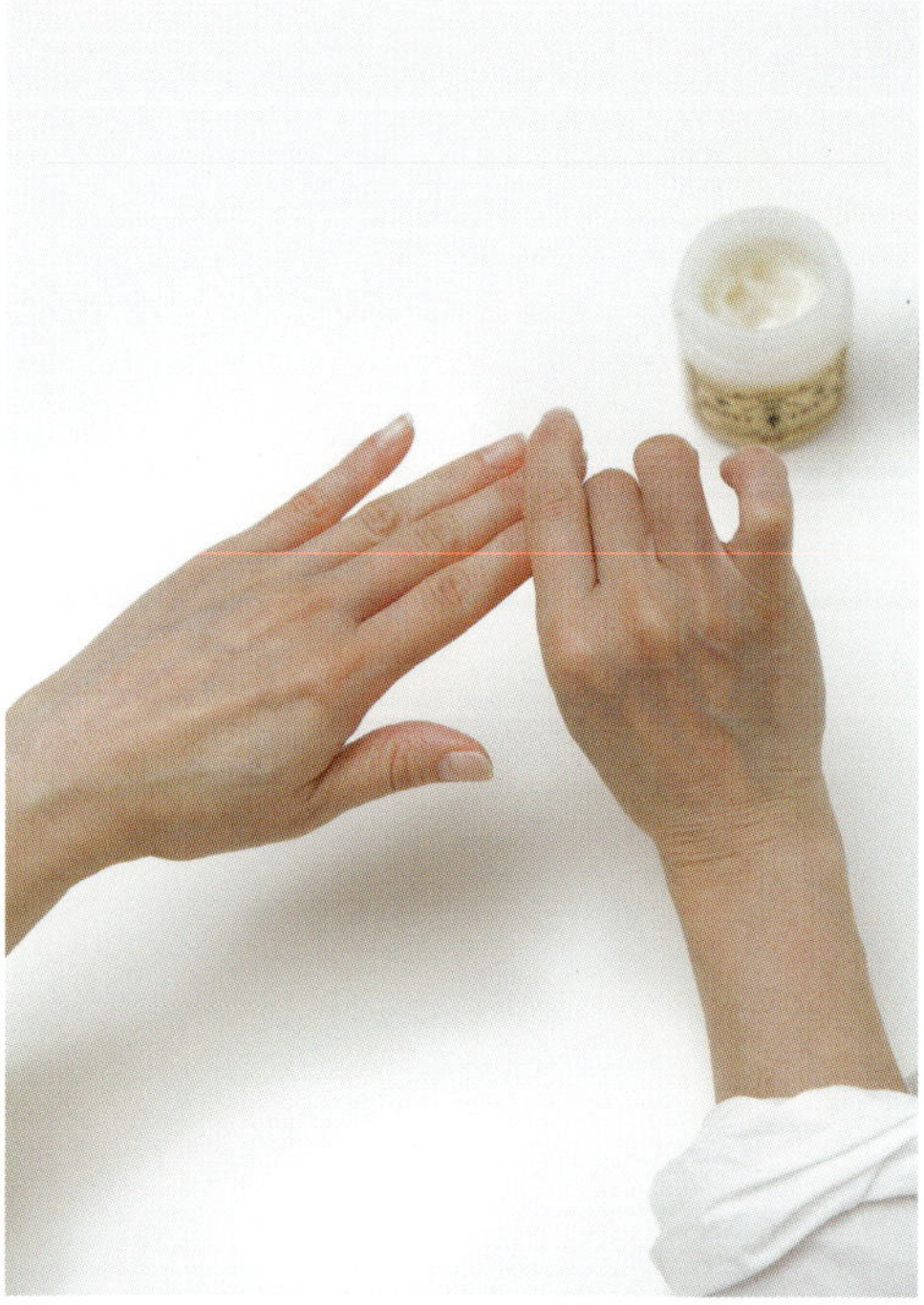

足もそうですが、手のきれいな人にも憧れます。ハンドクリームのお気に入りはホーケンのシェービングクリーム。名前こそシェービングですが、どこに塗ってもオッケー。べたつかず、しっとりしたつけ心地は他のどのハンドクリームよりいい！　甘皮の処理は、たまーにする程度。専用の道具で甘皮を取り除いたら、シャネルのベースコートを塗って、仕上げにハンドクリームを。

ま 仕事や出張で疲れたら、整えてもらいに行く。人に診てもらうと、自分のからだを見直すきっかけになっていいみたい。

——P26の下の写真はウォーキングスタイルだとか。

ま 一日パソコンに向かった日とか、夕食後に肩をぐるぐる回しながら近所を30分ぐらい歩くの。小顔効果を狙って、時々口をイーッてしたり。かなり怪しい。

——朝じゃなくて夜？

ま 紫外線がいやだから。日射しにはとにかく弱い。

——ジムに入ったりはしないのね。

ま ものぐさだから通うのが面倒で……。ベルトコンベアみたいな上で走るより、外を歩く方が気持ちいいし。

——たしかに。

ま でも、年をとってくると、大事なのは着飾ることより整えることだなってすごく思う。

——ベースのからだを整える？

ま 薄いニット一枚さらっと着てさまになるのは、着こなしじゃない、からだの問題なんだって気

髪

すっきりさっぱり気持ちよく

髪は伸びるのがすごく早いので、2週間に一度はカットして、いつもこざっぱりしていたい。シャンプーなどヘアケア用品は、すべてジョンマスターのもの。天然成分で作られているので肌にやさしく、敏感肌の私も、顔まわりがなんだかかゆい！　ということがなくなりました。共有で使っている年頃の娘も、ニキビひとつなし。ヘアワックス（左下）は塗ったあと手を洗わなくていいところも気に入っています。

づいた時は、目から鱗が落ちた。

—うむうむ、たしかに。

(ま) でも肌にはシミもできるし、虫さされの痕は年々回復に時間がかかるしで、からだって、ほっておけばもやる一方じゃない。

—もやる？

(ま) 掃除の行き届かない部屋の隅とかにたまる澱んだ空気を、私は「もやり」と呼んでいて。

—シミ、角質、虫さされ痕問題はたしかに新陳代謝の澱み。

(ま) このあいだフットケアサロンに行ったら、寝てる間にかかとがつるっつるになったのー。

—もやり退治ね。

(ま) かかとカサカサって何か悲しい。

—(ま)は手もいつもきれい。

(ま) 皮膚が薄くて乾燥するから、ハンドクリームはしょっちゅう塗ってる。親の敵のように。

—お顔のお手入れは？

(ま) 化粧品は顔とからだと分けてないの。洗顔後、敏感肌の私にも合うアヴェンヌの化粧水と乳液を全身にパタパタ。乾燥する冬は、からだにも朝晩2回。

肌とからだ

心地よさがきれいをつくる

肌の回復力や抵抗力の衰えを感じたのは、ずっと好きだったごわごわのタオル（柔軟剤を使わず、からからに乾燥させていた）で顔がゴシゴシ拭けなくなった頃。よりやさしいものを……と探して出会ったのが、ほぼ日（ほぼ日刊イトイ新聞）の「やさしいタオル」。私のブランド、&（アンド）がコラボレーションして、生まれたのが上のタオルです（左がコットン100%、右は私の希望で糸からオリジナルで作ったリネンコットンのもの）。ベッドリネンはフォグのもの、枕カバーはほぼ毎日洗って取りかえます。右は、これまたほぼ日とコラボしたタオルケット。肌に触れるものは、とことん手ざわりにこだわります。

とはいえ何よりいちばん大切なのは睡眠と考えていて。眠る前に手作りの杏酒や梅酒、寝つけない時は温かくした赤ワインやポルト酒などをちょいと一杯。10時前にはふとんに入り、本など読みながら、心地よい眠りに向かう時間を整えています。

さる女優さんがTVで言ったひと言。「私は顔もからだも同じようにケアしています」。たしかに首だって耳のうしろだって自分のパーツの一部。女優の鶴のひと声で、夏は顔用の化粧水、冬はプラス乳液を、お風呂上がりに全身に塗るように。夏は肌が露出する部分すべてに日焼けどめを。

―美容液とかパックとかは？

(ま) 肌が弱いからあれこれはしないけど、朝ドラを見ながら化粧水をパンパンはたいたり。

―あの15分はいろいろに使える。

(ま) でも、ほんとにだんだん汚くなるから、お手入れが大変！

―汚く……

(ま) 知人がその言葉を使った時は私もびっくりしたんだけど、でもそうだな、年をとるって、ひらたく言えば汚くなることなんだって気づいて。

―それを少しでも阻止したいと。

(ま) （頷いて）きれいになりたいよりも先に、汚くなりたくない。

―そうかあ。

(ま) とはいえ、こんなふうに（とヨガのポーズ）ストイックにからだを鍛える高いモチベーションもないし、「ええい、どうにでもなれ！」という気持ちにも。

―せめぎ合いのお年頃ね。

(ま) でも、ここでふんばらないと。だって、これだけやってこの程度なんだから、やらないと一体どうなっちゃうのー。

下着のこと

これだけじゃないの

肌ざわりが最高！　なハンロ。シンプルな形が基本ですが、近頃気になったのがこのレースつき。レースも何とも清楚です。股上がきっちり上まであるショーツもかわいい。セットであるものは、揃えて買うようにしています。

下着はスイスのハンロのものが基本です。シンプルなブラトップにコットンショーツ。さすがにお見せするわけにはいきませんが、夢のようにレースが美しいスリップも、じつはたくさん持っています。

ほんとうはパッド入りは嫌いで、パッドなしのかわいいブラやスリップをそのまま楽しみたいのですが、胸のポチンが気になって日本ではなかなか……。外国のように早く市民権を得るといいなと思ってはいるんですけど、むりかなあ。

とっておきのスリップは、おめかしワンピースの下に身につけます。とはいっても私の下着の基本は色っぽさより、清潔感。たまに、きれいな女の人がかがんだ時に、ちらりと胸もとの清楚なレースが見えたりすると私まで得した気分。見えなくてもおしゃれ心を忘れず、見えても人に不快感を与えないよう、気をつかいたいものです。

腹巻きの出番は真冬だけ。でも、お腹を温めると、着る服が1枚へるくらいの威力があることを近頃発見！　こちらも、見えても見えなくても、かわいいものを探して。

ハンロのブラトップは白、黒、ベージュの3色。透けが気になる白い服などにはベージュを。あとは服や気分に合わせて決めているかな。水着のようなデザインなので、ちらりと見えてしまっても安心。ショーツもハンロのコットンが基本。

腹巻きをするのは冬の森にリースの材料を探しに行く時か娘のスキーにつきあう時。バカボンのパパみたいなのもかわいいけど、やっぱりあまりおじさんくさくない方が好ましい。右はユーモレスクというカシミヤブランドで買った首巻きにもなる腹巻き、左は、ほぼ日と一緒に作った白い腹巻き。

春

2月も半ばを過ぎれば、気分はもう春。
冬じゅう活躍してくれたカシミヤもコートも
さっさとクリーニングに出してクローゼットの奥へ。
タイツもブーツも誰よりも早く脱ぎ捨てて、
足もとはできるだけ素足！　がまさこさんの鉄則です。
もちろん、暦のうえでは春とはいえ、まだ肌寒い日も。
しかし、そこは女のダンディズム。
リネンやコットンの重ね着でのりきって、
きのうまでの冬服には潔く別れを告げるのだとか。
色合いも、白やブルーや若草色など、
自然にきれいな色に手がのびるように。
スプリングコートも大好きなアイテムのひとつ。
薄ものをさっと羽織る感じが、
やさしい季節に合っている気がするそうです。

素足から春がはじまる

&のリネンコートに
ミナのコットンのストール、
足もとはややヒールのある靴。
ウエストリボンに、
キュートなモチーフがついたストールの
乙女なスタイルですが、
白で揃えると
抑えめな感じになって
43歳でもいけるかも?　と思って。
コートワンピースは、
下に白いギャザースカートをはいてもいいし、
Tシャツやデニムにも合う
重宝アイテム。

―まぶしい白。

(ま)これは&(アンド)で作ったリネンのコートワンピースで、色ちがいでネイビーも持ってる。

―&は、(ま)が、いろんなメーカーや企業とコラボレーションして作っている商品のブランドでしたね。ウエストリボンが、(ま)らしいデザイン。

(ま)ストールはミナのもので、40代にはちょっとかわいすぎるモチーフがついてるんだけど、白白なら何とかいけるかなって。

―あちら(↓)の鳥さんもミナ。

(ま)これが違う色なら、かわいらしさにひるんで、買わなかったと思うんだけど。ネイビーだから甘さが抑えられるかなって。

―このスカートと靴のあいだの空白は、まさかの……

(ま)素足。春になったら、意地でも素足って決めてるの。

―3月だと、まだ寒いでしょ?

(ま)コートはさっさとクリーニング、ウールもブーツもお手入れしてしまっちゃって「もう戻れない」と自分を諦めさせる(笑)。

かわいらしい
モチーフも
大人色なら
大丈夫

ひとめぼれして買ったのは
鳥のアップリケがかわいいミナの
コットンのニット。
なんと、この二羽の鳥ちゃんの胴体部分が
ポケットになっているんですよ。
展示会に一緒に行った娘は
「ふーん、それ買うんだ……」と
冷ややかでしたが、
着たら「案外似合ってる」とOKサイン。
スカートは真っ白ギャザー（P8）と色ちがい。
これも&のものです。
ぺたんこシルバーの靴、
サイザルのかごで、
近所にお買い物に行く時のスタイル。

またまたギャザースカートですが
たしかこれはドレステリアで買った
どこかのインポートもの。
上にソフィードールの
真っ白ブラウスを合わせて。
スカートの横についてるリボンを見せるため
ブラウスはインします。
ブラウス、スカート、ともにコットンなので、
カジュアルになりすぎぬよう
エナメルのワンストラップの靴に、
カメオのネックレスをつけて
かわいさとエレガントさを出してみたつもり？
このブラウスは
去年の夏から今年にかけて大活躍。
大きすぎず、ジャストすぎず、
ほどよいサイズが着やすさの理由かな。

白と紺、
足もとの色と
ネックレスで
エレガントに

リバティのブラウスとハーフパンツは
どちらも「寝かしアイテム」。
数年前にドゥロワーで買って
気に入って着ていたのですが、
着すぎたために、
しばらくお蔵に入ってもらうことに。
今年の春にまたお目見えし、
新鮮な気持ちで着ています。
ふだんのリバティ素材よりも、やや薄手。
そのため「これでもか！」というくらい
フリルがついているのに、
大げさになっていない。
パーカなどを合わせると、
また雰囲気が変わるので重宝しています。
カーディガンはソフィードールのもの。

—そこまでして、なぜ？

(ま) 季節を先どりしたいのかな。

—冷えない？

(ま) よく聞かれるんだけど(苦い顔)私は逆に、からだの熱量が高すぎる体質らしくて、冷えって何さ？ って感じなの。

—いま、世の女子たちにブームの冷えとりは知ってる？ シルクとコットンの靴下4枚重ね。

(ま) 知ってる。けど、私がそんなことしたら、ゆだっちゃうー。

—ゆ、ゆだっちゃうんだ。

(ま) 白白のコーディネート(P32)の時も、レギンスにごろんとした靴を履けばいまっぽいんだろうけど、似合わないから。

—かわりにベージュのパンプス。

(ま) ブルーの靴(P38)もそうだけど、このくらいのヒールのシンプルな靴はすごく便利。こういう靴って、探すと意外にないから、買い物パトロール中にきれいな色のものがあれば買っておくことにしてるの。

—ほお。

(ま) でもヒールの靴って、排水溝の

Ｐ34でネイビーのスカートに合わせた
白のブラウスをデニムに合わせて。
デニムは少し折り返して、くるぶしを見せます。
靴はメイフェイリンで買った
ロベルト デル カルロの厚底サンダル。
グレーの靴だけだと地味めなので、
真っ赤なバッグを持ちます。
バッグはまさこスタイルのお約束、
小さめで何も入らないので、
携帯電話はデニムのポケットに。
コートは10年くらい前のミュウミュウ。
誰かにあげようと思ったこともあったけど
値段を考え、やっぱりやめようと。
手放さなくてよかった！

これも「寝かしアイテム」、
ドゥロワーのスカートです。
うしろリボンがかわいいけれど
どちらかというとエレガント系？
少しタイトな形がそう見えるのかもしれません。
マーガレット・ハウエルの
リネンのブラウスをインして、
襟もとにはパールのネックレスを。
黒いヒールの靴だと
大人っぽい雰囲気になりすぎるので、
コットンのヒモ靴を合わせました。
タイトな服を着る時のお約束、
お腹に力を入れて、颯爽と歩きます。

タイトな服の時はお腹に力を入れて

ふたの穴とかにひっかけて、かかとのスエードがむけちゃったりするから、歩き方には気をつけないと。

——「寝かしアイテム」は、寝かせていた服っていう意味？

㋮ そう。ほんとは忘れていたんだけど(笑)、最近実家で大量に発掘されたの。得した気分。

——買った時はうまく着られなくて、でも少し寝かせることで、いい感じに着られるようになることってある。

㋮ あるある。なんでだろう、年齢が服に追いつくってこと？

——このベージュのスカートのライン、めずらしく大人っぽい。

㋮ うしろリボンだけど(笑)。

——これにヒールの靴をもってきたらモテを意識してるのかなって思うけど、ヒモのぺたんこ靴なんだね。

㋮ モテ!? 考えたことなーい。

ドレステリアで買った
リバティのパフスリーブのワンピース。
一枚で着ると可憐な印象なのですが、
大人なので、ここはきりっと
ジャケットを合わせて。
「ふーん、ジャケット」と思いますか？
たまにはジャケットで
気合いを入れることだってあるのです。
靴は、ワンピースの花柄の中の１色、
ブルーのヒールの靴を合わせてみました。

——まさこスタイルは基本的にモテる、というか、誰からも好感をもたれるおしゃれだと思うな。

(ま) 好感をもたれるのはうれしいけど、モテとかは、考えたことないですねえ。

——はい、ごめんなさい。

(ま) おしゃれって、自分がうれしくなったり楽しくなったり、それが大切で、他人のためにするものじゃないと思う。もちろん不快感は与えちゃいけないけど。

——好きな人の好みの恰好をしようとか、思わないんだ。

(ま) ぜーんぜん。あなた色に染まりたいとか、ありえない。

——まさこはまさこ色。

(ま) あたりまえですー。

——(ま)の人生における恋愛のプライオリティーって、いったいどのあたりにあるの？

(ま) うーん、彩りを添える感じ、生活に。お弁当でいえばプチトマトかな。

——じゃあ、ちなみにメインは？ いちばん大切なこと。

(ま) 食べることと飲むこと（笑）。

すとんと着るだけで
おしゃれさんに見えるミナのワンピース。
しっとりした素材感や、
色の組み合わせ方がとってもすてき。
ロベルト デル カルロの
スエードの靴を合わせてシンプルに。
ワンピースを主役にしたい時は
ノーアクセサリーも鉄則。

色合いが大好きなドゥロワーのワンピース。
パフスリーブ、うしろリボン、膝丈……と
私の好きなものがつまった服です。
パリのヴァンヴの蚤の市で
2ユーロ！ で買った
花のブローチを胸もとにつけて、
前もうしろもおしゃれしています。
靴は黒でシンプルに。
これは大切に何年も履いている靴。
ありそうでないデザインなんですよね。
このワンピース、
冬は中にタートルなどを着て
真夏をのぞけば一年中着ています。

——好感度とはまた別に、おしゃれのマナーという意味で、以前聞いて感心したことがいくつか。

(ま) え、何だろう？

——たとえば、お寺にあがる時は素足では失礼だから、かならず白い靴下を持参するとか、由緒正しい旅館に行く時は、脱いだ時に恥ずかしくないよう、内側が汚れた靴を履いていかないとか。

(ま) 見られて恥ずかしいほど汚れた靴は、いまはもう捨てちゃう。

——恋はプチトマトとか豪快なことを言うわりには、心配りが細やかなんですよね。

(ま) それって矛盾してる？

——きわめつけは、和室で取材ということになりそうな場合、畳に座った時に裾がきれいに広がるフレアースカートを選ぶと言っていたこと！

(ま) それは、スタイリストだから、何でも風景として考えちゃうというのがあるのかも。こうだときれいかなって。

——風景として自分のおしゃれを考えるって、面白い視点。

きらきら
バッグは
若者ブランドで

マルニのワンピースはお出かけ着。
友人の結婚式用に買いました。
襟もとにちょこんとついたリボンと
くるみボタンがアクセント。
アクセサリーはせずに、
きらきらスパンコールのバッグを持って。
このバッグ、じつはフォーエバー 21のもの。
上には同じくマルニの半袖コート、
エナメルのパンプスを合わせて
ちょっと大人な雰囲気に。

フランス製のしっかりした生地で
作られたボーダーワンピースは、
かなりのミニ丈。
レギンスと合わせることも多いのですが、
コートを羽織る時は、
思いきってミニ丈で着てしまいます。
たまには足を出し、
人目にさらして緊張せねば！
ドレステリアで買った七分袖のコートは
裏地がとってもかわいい
小人柄のリバティプリント。
これを見せたいがために、
手に持つ時はちらちらと裏地を見せて。
ウエストには
ちょこんとリボンの飾りがついています。

たまには素足を
人目にさらす
緊張感も必要

㋮ねえねえ、前のページのブルーのマルニに合わせたラメのクラッチ、いくらだと思う?

―想像もつかない。

㋮フォーエバー21で999円!

―えぇ!

㋮結婚式用にワンピースを買って、バッグもと思ってハイブランドの店に探しに行ったんだけど、いいのがなくて。で、娘のつきそいでフォーエバー21に行ったらこれがあって、あ、これ、いいじゃんって。

―たしかにワンピースが清楚なイメージだから、それにおとなしい革のバッグじゃ退屈かも。

㋮キラキラ、時々、すごく身につけたくならない?

―なります。

㋮でもインパクトの強いものにお金をかけるのもどうかと思うし、そういうものこそファストファッションで探せばいいんだって気づいた。

―メリハリ、メリハリ。

㋮ファストファッションの賢い利用術です。

朱赤が印象的なブラウスはマルニのもの。
袖口のフリルと、胸もとの開き具合がお気に入り。
デニムとぺたんこ靴の組み合わせは、
ひとりで映画を見に行ったり、
器の下見など仕事で歩きまわる時に。
Tシャツが似合えばいいのですが、
どうしてか似合わないので、
デニムには、コットンとかのシャツや
ブラウスを合わせることが多いかも
……ということに気がつきました。
黒のカーディガンはソフィードールです。

ウエストリボンのジャケットは
肩サイズの合うドゥロワーで。
ジャケットに存在感があるので、
他はすべて黒で
コーディネートしてみました。
インナーはサンスペルのVネックTシャツ、
パンツはザラ。
ぺたんこ靴はマーガレット・ハウエル。
バッグは、重くならないよう、
黒とネイビーの中間くらいの
色あいのかごを持って。
1泊2日ぐらいの旅行は
これで出かけてしまいます。

収納とお手入れ

見た目を揃える

靴

白い箱が並んでいるときれい

靴は靴箱に。といっても
私の場合はこの通り。
玄関にある靴箱ではなく
お揃いの白い箱に入れて、
中身がわかるよう写真を貼って
クローゼットの中に
こんなふうに収納しています。
ね、一目瞭然だし、
なにより揃っていると
見た目がきれいでしょう?

バッグ

収納袋をオーダーメイド

オーダーメイドと聞くと
すごい！　と思われそうですが
依頼相手は私の母。
バッグに合う収納袋を
シーチングで縫ってもらいました。
簡単でいいよと伝えたのに
丸いバッグには丸いマチがついてたり
ていねいな仕事にびっくり。
靴と同様、ポラを貼って
クローゼットの上の棚に
並べて収納しています。

収納されたそのさまがかわいいと
やる気が出るっていうのは
そうじ道具全般に言えること。
靴のお手入れもしかり。
手つきのシェーカーボックスに
一式入れて、「さあ、やるぞ!」。
玄関で一心不乱に……の時もあれば
これごとリビングに運んできて
テレビを見ながら靴磨き、
なんて時もあり。

㋮ 靴は、履いたらそのまま玄関においてⅠ~2日休ませて、汗や湿気を乾かしてから箱にしまうようにしてる。汚れてたらクリームで拭き、ついでに磨いて。

――かかとの減ったものもないし、お手入れが行き届いてるなあと感心しっぱなしですよ。

㋮ もちろん、その通りにいかなくて、玄関に靴が2足3足とたまっていくこともあるけど。

――基本的に玄関におきっぱなしにしない。

㋮ したくない。玄関には何もないのが好きだから。

――シューキーパーは?

㋮ そういえば使わない。

――㋮の足の場合は、そもそも靴が型崩れすることもないのかも。

㋮ あと、車で動くことが多くて、旅以外の時はあまり歩かないからかなあ。

――歩かない!? かかとが減ってないのもそのせい?

㋮ そうかも(てへ)。

――バッグの収納袋はかわいいアイディア。手がこんでますね。

こちらはキラキラのクラッチ専用。
窮屈すぎず、
ゆとりを持ちすぎずの
何とも頃合いのよい大きさ。
上部にボタンホールを
つけてもらい、
リボンを通して結んでから
クローゼットの棚に。

服

毛玉はまさこの敵

そうなんです、敵なんです。
そして右の写真の白いものが、
私の片腕、毛玉取り器です。
洗濯物をたたむ時や
着た服をしまう前、それは
いつでも傍らにあって、
毛玉を発見したら即作動っ！
足の角質と同様に
毛玉は、おしゃれにおける
もやりと言えましょう。

㋮ 私も母の仕事には驚いた。だいたいの大きさが合っていればいいってお願いしただけなのに、マチがついてたり、取り出しやすいよう、ある程度のゆとりをもたせて縫ってあったり。

—工夫や心配りは遺伝かな。

㋮ ううん、母にはかないません。

—そして服の毛玉、ほつれ、毛羽だち、どれもがまさこの敵と。

㋮ とはいっても、してることといえば、ほつれが出たら玉止めして切るとか、洗濯物をたたむ時に毛玉や毛羽だちを取るとか、それぐらいだけど。

—靴も服も、きれいにしてからしまう、ということですね。

㋮ きれいにするというか、もとの状態に戻すって感じかな。できるだけ買った時に近い状態を保つ。お手入れって、なんでもそうなのかもしれない。お肌やからだも同じ。

—これ以上汚くならないように…。

㋮ 現状維持。家事も同じ。そういえばハウスキーピングって言いますもんね。

バラバラだったハンガーを
イケアの木製のものにまとめてすっきり。
同じくイケアで
重宝しているのがこの洋服カバー。
ジャケットサイズの短めのものと
コートやワンピース用の長めがあって
どちらも愛用しています。
季節の変わり目、
お手入れずみの洋服はこれに入れて
次の季節のためにスタンバイ。

香水とハンカチ

おしゃれの仕上げです

愛用している香水ふたつ。
減り具合からもわかるように
よくつけているのは
ランコムのトレゾァインラブ。
どんな香りかというと、
女らしさが
そこはかとなく遠くから匂いたつ
……そんな感じ？
シャネルのアリュールは
色っぽい、大人の女の人の香り。

私と香水。どうもイメージがつながらないようなのですが、大人の女のたしなみ程度には、つけていないくもないのです。

手首にほんのちょっぴり。自分にだけわかるぐらいの、ほのかさで。

レースの下着もそうですが、外国を旅すると欲しくなるのは、そこで匂うような大人の女の人たちをたくさん見るからかもしれません。香水も下着も見えない贅沢、密かなおしゃれ。ついでにいえば足のかかとも。目につく外側より、見えない内側のおしゃれに憧れるのは、それが誰のためでもなく、自分のためということに豊かさを感じるからかも。

ハンカチも同じ。これもあまり目にはつきませんが、刺繍や縁どりレースのハンカチが持てるのは乙女？の特権、バッグにひそませているだけでエレガントな気持ちになります。たまに香水をシュッとひとふきしたりもしますが、どちらにしても自己満足。私だけが知っていれば、それでいいんです。

すてきなものを見つけると
買わずにはいられない、
レースのハンカチコレクション。
小さめでレースが繊細で……
持っているだけで
おしとやか気分になれるのですが、
じつを言うと
これらで洗った手を拭くと
いっぺんでびしょびしょ。
あーあ、と何度も嘆いた経験から
さりげなく口を拭いたり、
人前で汗をぬぐう専用に。
(ミニスカートで座った時の
膝小僧隠しには使いません!)
だから、いつももう一枚、
しっかり手を拭けるガーゼのハンカチも
バッグにしのばせている私。
現実はキビしいー!

娘といっしょ

バンビもいっしょ、しかも安い

バルセロナのザラの子供服売り場で
娘のお土産にと買った
フェイクファーのミニバッグ。
裏地が小さなお星様でかわいいのです。
斜めがけにすると
コーディネートのポイントになって重宝。
「ママの方が使ってる！」と
娘は少々憤り気味。

14歳の娘、162cm、私、155.4cm。
なのに私より体重が軽いのがニクい。
さすがにスキニーデニムはむりですが
「いっしょ」に着ている共有アイテムや
かわいいお揃いがたくさんあります。
このファーつきジャンパーには
娘はデニム、
私は同じカーキのスカートを合わせて。

バンビのポーチはパリのＨ＆Ｍにて。
レジ脇のワゴンで
セール中だったところを発見！
たしか２ユーロとか３ユーロとか？
「色ちがいでお揃いにしよっ」
ふたりでルンルンしながらレジに並びました。
このかわいさとこの安さ、
買わずにはいられないでしょ？

――14歳の娘さんは厳しいファッションアドバイザーでしたね。

㋮私が「どう？」って聞くから、しぶしぶ答えるって感じだけど発言はいちいち的を射てる。

――やっぱり、おしゃれさん？

㋮一緒に買い物に行ったり、ファストファッションめぐりをしたり。たいてい「これ、かわいい！」とはしゃいで買い急ぐのが私で、「ママ、それは着ないからやめなよ」と釘をさすのが娘。

――冷静なんだ。

㋮先日も、浅草の商店街でヒョウ柄の長靴に前のめりになった私を「いや、後悔するって」と止めてくれた。娘の成長は母親の暴走にストップをかける（笑）。

――共有してるのはカジュアルアイテムが多いんだね。

㋮彼女はスカートはかないの。娘をもつ母親を満喫したいのに、ワンピースにも全然興味ない。

――デニムばかり？

㋮夏は毎日Tシャツ、ぴたっとしたスキニーデニム、スニーカーにデイパックといういでたち。

いろんな色のパーカは
ドレステリアやドゥロワーのオリジナル。
もともとは私のものでしたが、
知らず知らずのうちに
娘のワードローブに……。
ぴたっとしたフォルムや
微妙な色合いが
お気に入りの理由だとか。
ほぼ毎日、学校に着ていく
娘のユニフォームになっています。
n100のパンツは私用に買いましたが
娘がはくと少し短めのくるぶし丈！
いまの子は足が長い。

空港の免税店をぶらぶらしていて
見つけたのがこのリップグロス。
私は迷わず大好きなチェリー柄で
こちらはほんのりピンク色に。
娘は透明をチョイス。
同じものを選ぶ時、
どちらかというと私はかわいい寄り、
娘はシンプル寄りの傾向あり。

うさぎ年生まれの娘のために
うさぎものを見るとついつい……。
縁どりになった
草をモチーフにしたフリンジから
ひょっこり姿を現すうさぎ。
お揃いで持とうと思って買ったのに
「かわいすぎて使えない」と
そのまましまいっぱなし。

右はパリで（でもスペインブランド）、
「これなら学校にも履いていけそう！」
と娘が購入。
左は台湾で、私が娘のお土産用に購入。
どちらも共有で履いています。
長靴なら、サイズが少々違っても
あまり気になりません。

——冬は？

㋮ そこにダウンとアグのブーツが加わるぐらい。アグも3色を共有してて、「ママ、今日何色？」「黒〜」「じゃあグレーにしよーっと」といった会話が毎朝くりひろげられることに。

——冷え知らず、靴ずれ知らずは遺伝してる？

㋮ ううん。すごい冷え性で靴ずれもするみたい。でも胃袋は伊藤家ゆずりで、私と同じ「お腹いっぱい知らず」。

——もうすぐ高校生。大人だね。

㋮ でもね、ハムハムすると、まだ赤ちゃんの匂いがするの。

——ハムハム？

㋮ うぶ毛のあたりをクンクン、ハムハムって嗅ぐこと。小さい時はやらせてくれたのに、最近は怒るから寝てる時こっそり。

——それって、お母さんというよりお父さん？

㋮ 娘も何かとそう言う。「ママ、おばさんというより、おじさんの方向に行ってるよ。髭が生えないように気をつけて」って。

部屋着

ほんとうは裸でいたいくらい

しつこいのですが
とにかくひどい暑がりなので、
夏は、家では裸でいたい
というのも、決して冗談ではなく。
でも見た目にも、はた迷惑だし、
ふいに宅配便屋さんも来ちゃうしで
マリメッコのボーダーワンピースを
着てることが多いかな。
基本はレギンスと合わせて。
買ったばかりの時は仕事や街着にも。
何度か洗って
こなれた感じになってきたら
部屋着用に、と使いわけています。
このまま寝ちゃう時もあれば、
銀行や手紙を出しにポストまで、とか
ちょっとそこまで行く時にも。

襟ぐりの開き具合、
七分袖、お尻がかくれる丈、
斜めについたまあるいポケットと、
見た目、着心地ともに
ほんとに出会ってよかった服。
しかも何度洗ってもへたらない！
これってすごく重要。
街でこれを着た人を見かけると
親しみがわきます。

水色のダブルのシーツの
まん中あたりが薄くなってきたので、
そこを避けて、余った部分で
パジャマワンピースを縫いました。
何度も水を通していたので
縫いあがったその日から着心地は抜群。
袖は、まさこスタイル基本の七分丈。
かぶるタイプです。
カーディガンはティ ヤマイ。
もう10年近く着てるかも。

(ま) マリメッコのボーダーワンピは家にいる時は昼も夜も。他は冬の部屋着、お風呂を出てから寝るまで着てる服って感じかな。

——パジャマでもあるのね。

(ま) こんな恰好で本を読んだり、果実酒を飲んだりしてて、眠くなったら、そのまま寝る。

——スウェットパンツでだらだらなんて、しないのね。

(ま) スウェットパンツって今年初めてウォーキング用に買ったけど、どういう状況ではくものなのか、ずっと疑問だったの。

——ふうむ。

(ま) 家で着る服はなにしろ洗濯がしやすくて、すぐ乾くもの。楽ちんだけどかわいくて、着ていてうれしいというのが理想。

——そこはお出かけの時の服と変わらない。

(ま) 夏なんか、ほんとは裸でいたいんだけど、家族に迷惑がかかるからハンロのキャミワンピース一枚でうろうろしてたりもする。

——それは、下着なの？

(ま) 毎年いろんな色が出るんだけど

リネンのワンピースの上には、
「これなしではいられない」と思うほど
私の肌になじんだ
ｎ１００のカシミヤカーディガンを。
わが家では娘も愛用。
それを見た母が、「あら、いいわねー」。
なので母にもプレゼント。
靴下と毛布は
ジョンストンズのカシミヤ。
思わず顔をすりすりしたくなる肌ざわり。
リネンとカシミヤに包まれて
今日もぐっすり〜。

パリの蚤の市に行くと
こんなリネンの寝間着に目がいきます。
状態のよいものを探すのですが、
10代の頃に買ったものを
いまでも着ていたりして……
もう20年以上、変わらず好きな
アイテムなんだなぁとびっくり。
ガウンと靴下はフランスのもの。
隣のくまは
ベッドサイドのテーブルの上に
ちょこんと座っています。
これまた20年もの。
ロンドン出身。名前はなし。
（くま、と呼んでいる）

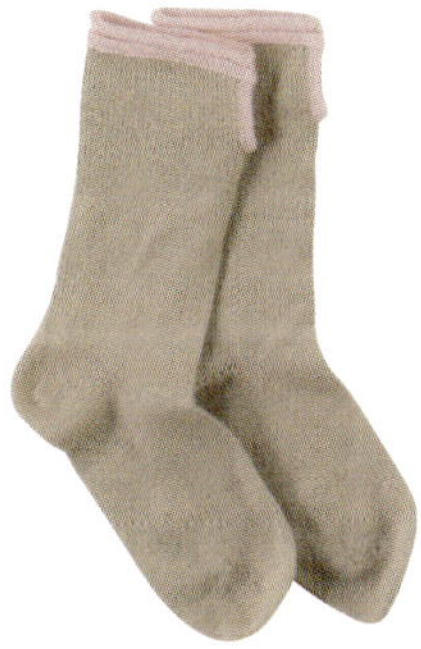

下着っぽくなくて、かわいいの。

―もしもひとりなら裸でいる？

(ま) 20代とか、ひとり暮らししてた時は、ほんとに裸で寝てた。

―おっと。

(ま) 冬も、じつは靴下とか全然必要ないんだけど、風景を整えるためにはいてるというか（笑）。

―靴下って何かかわいいものね。

(ま) 自分はそうなれないとはわかりつつ、「寒くて寒くて……」と足もとを温めるかわいい女子への憧れがあるみたい。

―こうやって見ると、寝間着はかなり乙女っぽいですよ。

(ま) 何とか髭は生えなさそうかな。

―ところで、聞くまでもないけど……このくま（↑）は友だちなんかじゃないんでしょ？

(ま) え？ どういう意味？

―いや、(ま)はぬいぐるみを擬人化したりするタイプじゃないだろうなと思って。ちょっと確認。

(ま) しませーん。名前もつけませーん。ぬいぐるみはぬいぐるみ。

―やっぱり風景なんだ（涙）。

(ま) とうぜん。

ピアスの話

耳の端からこぼれる位置に

ピアスに憧れていたものの、
通っていた高校は
ピアスなんてもってのほか！　だったので、
卒業式の翌日にあけに行きました。
それから、20代前半で左耳に3つ、
さらに右にもうひとつ……
まるでパンクな感じになりましたが
（はかなげ希望だったのに）
いまは落ち着いて両耳ひとつずつ。
貝の子ですが水は厳禁！
だそうなので、シャワー前にははずして。

―肝心なのは、つける位置。

(ま) 高校時代、女優のいしだあゆみさんが、耳の下の方にこぼれるようにパールのピアスをつけているのを見て、それに憧れてたから。

―こぼれる、が大切なんですね。

(ま) はかなげで、いいなあって。

―つける回数が多いのは、やっぱりパール？

(ま) 一年のうち200日はつけてるのがミキモトの6ミリサイズ（上の写真）。時々、ほそーいゴールドのリングとかもするけど。

―ミキモトはやっぱりいい？

(ま) 以前取材に伺って、その品質のたしかさに感動。「パールはミキモトさんでしか買わない！」って決意したの。

―キャッチも、きりっとシンプル。

(ま) しかもプレスの女性や銀座のお店の方たちが、みんな「正しい美人」で、上品なパールがほんとによく似合う！

―引き立て合ってるわけですね。

(ま) はずしたら専用の布で拭いてピルケースへ。大切に使ってます。

右上は、6ミリより
ふたまわりほど大きいサイズ。
縁にゴールドがほどこされたパールも
どちらもミキモトのもの。
その他はセレクトショップなどで
見かけて買ったり、
アンティーク屋さんで見つけたり。
大ぶりなものより
「ちょこん」とした風情のものが
お気に入りです。

ピアスの収納は
アンティークのピルケースへ。
小さなバッグや
レースのハンカチ同様、
いいものがあれば買っていいと
自分に許している特別なアイテムです。
パールは専用の布に包んでこの中へ。
左端の白い容器は娘とお揃い、
彼女もここに自分のピアスを入れ
洗面台の左右に仲良く。

夏

さらりと着て、一枚でさまになる。
そして、なんといっても涼しい！
ただでさえ出番が多いワンピースが
さらに大活躍となるのが、まさこさんの夏。
ちょっとしたお出かけから、かしこまったよそいきまで
ためいきが出るほどかわいいワンピースが勢揃いです。
もうひとつ、大好きな夏アイテムがビーサン。
夏を待たずに葉山のビーサン屋まで車を走らせ、
毎年、何色か揃えて、とっかえひっかえ楽しみます。
いつもかならず買うのは白で、
履くたびにタワシでゴシゴシ、水でジャージャー、
さっぱり洗いあげたビーサンを太陽の下で干す風景も
また夏らしくて。
今年は、鮮やかな黄色とピンクも買いました。
ペディキュアとの色合わせを楽しみながら、
ビーサンおしゃれの可能性に目から鱗の夏談議。

夏はすうすうワンピース

アッシュペーフランスで買った
シンプルな厚手のリネンのワンピース。
ポケットが少し浮いた感じに
縫いつけられていたり、
裾が切りっぱなしになっていたり、
技ありな感じがポイントです。
襟ぐりが開きすぎていないので
上品に着こなせます。
少し大ぶりのピアスを合わせて。

10年くらい前に買ったミナのワンピース。
春のページで紹介した
白いストールについているのと同じ、
レースの鳥さんやら
お花やらがついた乙女な服ですが、
朱色とネイビーの意外な組み合わせで、
乙女が抑えられているような。
ミナの服を着る時は
あまり他のアイテムと合わせず、
アクセサリーもつけずシンプルに。

—夏のワンピース祭り。

ま うふ。かわいいでしょ。

—ワンピースって、見ても着ても幸せになります。

ま 他の季節もそうだけど、ワンピースはたいていそれを主役にして、あまりコーディネートしないで着るから、まずはお気に入りをそのまま出してみました。

—ミナのワンピースはかなりの数を持ってませんか？

ま 数えたことないけど。数えるのもこわいけど（笑）。

—テイストが合ってる？

ま 全部が全部、似合うわけじゃないけど、たいてい毎シーズン、「あー！これ！」っていうものがあるの。ひとめぼれ買い。

—長く着てるものが多い印象。

ま 左端のミナは新しいけど、これもすごくいい。最初はふしぎな柄だなって思ったけど、着てみたら、わあって。縞部分の光沢が、からだを立体的に見せてくれるみたい。技あり。

—そんなこともあるから試着を面倒くさがってはいけない。

レンガのような柄（?）の布を使った
ワンピースはミナのもの。
着ると立体感が出て
とてもきれいなラインに。
肩が隠れる袖丈も
二の腕を目立たなくさせてくれるような。
こちらも夜、食事に行く時などに。
シンプルでも素材が面白かったり、
ラインが美しいワンピースは
一枚さらりと着るだけでいい感じ。

どこかのセレクトショップで。
ずいぶん前に買った
シルクのワンピース。
シルクといっても
てらてらしすぎていないのが好き。
でも、よそいき感もあるので
黒いヒールの靴と
小さなビーズのバッグでおめかしして。

㋮一枚でさまになると、コーディネートを考えなくていいからラクだし。

―コーディネートを考えるの、嫌いなんですか?

㋮基本的には面倒くさい(苦い顔)。仕方なく考えてます。

―それはウソだ。

㋮ウソじゃないもの。かわいくないといやだから、仕方なく考えるんです―。

―かわいくないといやという時点で、もう仕方なくじゃないから。

㋮そういうもんなの?

―撮影中にコーディネートを考えている㋮は、嬉々としてますよ。アイロンかけてる横顔は、ほのかに笑ってるし。

㋮えー、それって変な女じゃないですか。

―いや、いい景色ですよ。

とってもかわいいワンピース、
タグを取ってしまい、
どこのものかは忘れました。
かわいいわりにお値段がかわいくなくて、
元をとろうと（ケチ！）真夏は一枚で、
秋口はニットやブーツなどと合わせて、
せっせと着ています。
足もとには、黒と
ワンピースと同じくすんだブルーの
コンビになったバレエシューズを。
エナメルの靴が好き、
ということにも、いま気がつきました！

㋮（思案顔で）それって、アイロンかけると服がぱりっとするから、それがうれしいのかも。とくにワンピースは、コーディネートしないぶん、きちんとアイロンをかけて着たいと思ってる。

――手の抜きっぱなしではなく。

㋮靴も、いつもよりていねいに磨いたりする。

――なるほど。

㋮いまはショートカットだから問題ないけど、髪が長い時はつねにきゅっと束ねて、顔まわりをすっきりさせるようにしてた。ワンピースに限らずだけど。

――秋冬は別として、首のラインや胸もとがきれいに見える服を選ぶのも、まさこスタイル。

㋮開きの感じは気にします。

――詰まりすぎず、開きすぎず。

㋮ほどよさが肝心。

――それで結局、ワンピースは合計何枚持っているんですか？

㋮数えたくない（笑）。

――毎日違うものを着ても、ゆうに一か月はもちますね。

㋮（そっぽを向く）

ソフィードールの
朱色のワンピースは
今年の夏のはじめに買ったもの。
ぱぁっとした色合いは
着ているだけで気分があがるので、
梅雨のジメジメした日に
これを着て元気を出していました。
ロベルト デル カルロのサンダルに
茶色のペディキュアをして
派手な人になります。

ドレステリアのワンピースは
襟ぐりの開きが気に入って。
一見、すとんとして見えますが
着るととてもきれいなライン。
コットンですが
色合いが上品なのでお出かけ着に。
レストランもこれで行っちゃう。
ミナのバッグは大好きながま口型。
タンバリンという、
名前もかわいい生地を使っています。
がま口、タンバリン……
とくれば、買わないわけにはいきません！

「すっごいふりふり〜」と
娘にびっくりされたブラウスはドーサ。
デニムでもいいけど
少し柔らかい素材の方が合うかなと
黒のリネンのパンツを合わせてみました。
足もとはビーサン型サンダル、
鼻緒はゴールド。
やはりゴールドの帽子はGAP。
夏の最後（P77）に出てくる
黒い帽子と同じ時にセールで買いました。
控えめなゴールドの帽子は
夏にとっても重宝です。

―ワンピースって形が単純だから、生地のよしあしやパターンの完成度の差が、着ていてすごくわかるアイテムでもあります。

(ま) さらっと着て形になるって、やっぱりパターンがしっかりしてるんだと思う。ミナもだし、ソフィードールも着るとすごくきれい。立体的なの。

―アントワープのデザイナー。

(ま) メイフェイリンで岡本さんに紹介してもらって初めて名前を意識したんだけど、じつは昔から伊勢丹とかでかわいいと思って買ってた服だった。

―朱色のワンピース（P65）も(ま)によく似合いそう。

(ま) これは今年の夏に、ほんとによく着た。私、赤は似合わないんだけど、朱色ならいいみたい。

―肌色との相性かな。

(ま) ソフィーはニットやカーディガンもいい。春や秋によく着るけど、定番の形なのにどこかエレガントな感じになるのは、ヨーロッパのデザイナーだから？

―エレガンスについては話が長く

ひとり仕事の街歩きスタイル

元気な印象のマルニのワンピースは
レギンスやスニーカーと合わせて。
これも、お仕事スタイルで
撮影のための買い物や、小道具の下見、
あ、この前はこの恰好で
古本探して
神保町をぶらぶらしましたっけ。
マルニは、フリルがついていても、
甘くなりすぎないところが好き。
色合いや素材感がそうさせているのかしら?

春に白いブラウスと合わせた
ギャザースカート（P34）は夏にも活躍。
このブラウスは
スカートとは別に買いましたが、
色が似ていたので
こんなふうにワンピース風に着たりも。
ストレッチ素材なので
見た目より、案外楽ちんなんですよ。
タグを取ってしまったため、
どこのブランドかわからないのですが
たしかイタリアのもの。
バッグはジャマン ピュエッシュ、
靴はサルトル。

なりそうなので……。でも㋮は、さりげなくそっちの道に向かっているような気がする。

㋮私、カジュアルがどうも似合わないの。じつはTシャツも一枚も持ってない。

—そういえば、出てこない。

㋮似合わないの。サンスペルの長袖でやっと。

—サンスペルは英国の老舗ブランド。形も細身でクラシックだからかな。

㋮例えば仕事でがしがし動く時とか、ほんとはTシャツが着たいのに、似合わないからワンピースやブラウスでお茶を濁している自分に今回気づいた。

—スニーカーもスウェットのパンツも、そういえば今年デビューと言っていました。

㋮43歳にしてカジュアル入門。それってどうなの？

—いいこと、いいこと。

㋮それより私、ぜひ夏のおしゃれの議題にしたいことがあるの。

—何でしょう？

㋮40代の二の腕問題。

白いブラウスは
ふわふわ素材のフレンチスリーブ。
胸もとにピンタックが入っていたり、
丸襟だったりと
乙女な仕様満載ですが
白という色が
それを上品に抑えてくれています。
七分丈のパンツとサテンのレペット、
バッグはエバゴスです。

ものすごーく涼しい、
うしろリボンの
&のノースリーブワンピース。
合わせる靴によって、雰囲気が変わります。
グレーのスエードの靴だと
ちょっとおしゃれした感じ？
ビーサンをもってきてもかわいい。
他には何も合わせずに
すとんと素直に着て。

——二の腕、きてますか？

㋮このぷにぷに、まだ出していいのかな？（泣き顔）

——まだまだ大丈夫ですよ。

㋮ミナのワンピースはそのまま着たいから、「ええい！」と開き直って出しちゃうけど、確実に会う相手を選んでる。

——外国なら気にならないのにね。

㋮そうそう。胸のポチン問題と同じ（笑）。日本だと自粛しちゃうのって、やっぱり人の目が気になるのかな。自分はいいけど、相手に悪いって思っちゃう。

——でも、鍛えましたって感じの40代女子の二の腕って……

㋮そう、それもどうかと（悪い顔）。私の友だちで、鏡の前で二の腕に理想の点線描いたって人がいたけど。このくらいだといいな、テンテンって。

——イメージトレーニング？

㋮（笑）。そんなこと言ってるいまも刻々とたるんできているこの腕。ねえ、一体どうすればいいの？ みんなどうしているのか、教えてくださーい！

n100のコットンパンツに
マーガレット・ハウエルの真っ白シャツで
めずらしく、やや男の子っぽい感じ。
サンダルや麦わら帽子を合わせて
これも、ひとり仕事の時の
街歩きスタイルかも。
ちなみに、海外に行く時も
飛行機の中では、
こんなラフな感じで過ごしています。

ドレステリアのワンピースは
コットンながら、
薄手の柔らかい素材で
ふわふわと女らしい印象。
またまた私の好きなウエストリボンですね。
もちろん素足に
ヒールの靴を合わせて。
これで歌舞伎を見に行きましたよ。

ピンタックがとてもかわいい
ブラウスはサイのもの。
あまりに気に入ったので
色ちがいでモスグリーンも購入。
プリーツたっぷりで
トップスにボリュームがあるので
下には薄手のハーフパンツを。
足もとは軽やかに
リバティのエスパドリーユです。
そういえば、これも発掘アイテム！

—さて、熱量が高い(ま)としては、夏はとくにつらいでしょ。

(ま) からだを診てもらってる先生にも「とにかく涼しくして、犬みたいに、ハーハー、だらだら過ごしなさい」って言われてる。だるいからといって温泉なんてとんでもないって。

—靴下4枚もとんでもない。

(ま) 素足ラブ。

—ビーサン、ラブ。

(ま) 夏なんて待っちゃいない。4月にはもうそわそわしはじめて、時間があいたら車でびゅーん。

—葉山のげんべいね。

(ま) 鼻緒と台が別の色のコンビというのが店の特徴みたいだけど、私は同色が好み。

—白は毎年買うとか。

(ま) 履いてはジャバジャバ洗って、ひと夏で履きつぶす。街にも平気で履いてっちゃうし。

—清潔にして、足のお手入れもきちんとしてあれば、だらしなくは見えないのかな。

(ま) 私はよしとしてる。

—海は好き？

ビバ！　ビーサンスタイル

ブラウスはトリコ コムデギャルソン、
デニムのハーフパンツはドレステリア、
バッグはミナ、
そこに新品の黄色のビーサン！
黄色？　どうするの？
って感じかもしれないけれど
夏は、このくらい派手なのが絶対かわいい。
日焼け対策はもちろんですが
肘、膝、かかとのお手入れ、
万全にね。

(ま)断然、山派、というか森派なんだけど時折、恋しくなる。でも海には入らず、もっぱら海の見えるレストランやプールサイドでカクテル飲む系。

―日射しに弱いしね。

(ま)日焼け止め、帽子、目も弱いからサングラスも欠かせないんだけど、海でしか似合わないアイテムってあるじゃない？

―つばの大きな帽子とか。

(ま)そういうものが堂々とかぶれるのもうれしい。海だーって。

―アロハ柄のハーフパンツ（P77）は少々意外。

(ま)南の島アイテムは全然似合わないんだけど、これは素材がユーズドということもあって、しっくりくるみたい。

―茶色のビーサンがかわいい。

(ま)このコーディネートは去年、娘と新潟のヒスイ海岸に丸い石を拾いに行った時のなの。

―ヒスイ海岸、糸魚川の。

(ま)松本から車で2時間ぐらい。日本海側の海は何だかひっそりしていて、好きなんですよ。

白い
ビーサンは
履いたら洗う

着ると元気になる
ホームスパンのグリーンの
ギンガムチェックワンピース。
アイロンなしでもいけるので、とても重宝。
真っ白ビーサンを合わせたら、
上も白のパーカで爽やかに。

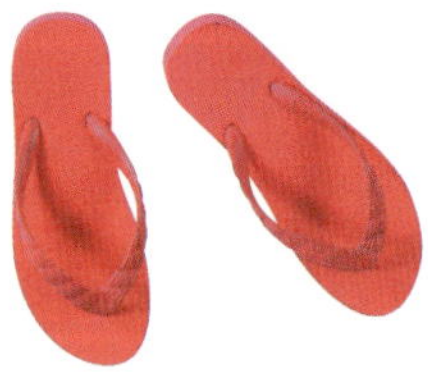

黒と白に
ビーサンの
ピンクが
映える

ハデハデピンクのビーサンには、
黒のパンツと
白のTシャツで落ち着きを。
Tシャツはサンスペル、
パンツはn100、
かごのバッグはフランスのムーミュのもの。
このコーディネート、
すべてのアイテムを色ちがいで
持っていることが、ただいま判明!
便利そう、と思ったのかな?
でも色が違えば、違う服……ですよね?

友だちが、ハワイで買いつけた
ユーズドの布を使って
服を仕立てていて
（アロハテーラー・オブ・ワイキキといいます）
そこのハーフパンツ。
柄はハワイな感じですが、
色合いがシックなので
私でもはけるかな……と思って購入。
白のコットンのブラウスに
茶色のビーサンを合わせて。
黒い大きな帽子はGAPのセールで。
かぶっていると「どこの?」と聞かれるのですが、
GAPと言うとみんなにびっくりされます。
ウシシ。

―でも海水浴はしない。

㋮ 私はひたすら石探し、娘は波を見たりして黄昏れてる。日傘や砂浜に敷く布、かごとかの小物も、もちろんすてきな海岸に合うものを選んで。

―どこまでも風景を作る人。

㋮ この夏はニューヨークに旅行に行ったんだけど、マンハッタンではみんなビーサン姿だったから、私も履いてました。もちろん、きちんとした場所用のきちんとした靴も持っていったけど。

―旅スタイル、見てみたい。

㋮ 帰国後そのノリで表参道にビーサンで向かおうとして、あわてて引き返したの。おっと、ここはジャパンじゃんと（笑）。

―しかしエレガントなワンピースからビーサンまで、夏のまさこスタイルは振り幅が広いですね。

㋮ ふっふーん♪

マリメッコは七難かくす

可憐なパターンの名は「雪イチゴ」。
日本の伝統デザインを取り入れているとか。
プレスの方が、同じ柄のネイルをしていて
服とネイルのコーディネートなんて!! と感激。
いつか私も……。

黒に白のお花が並んだ膝上ワンピース、
素朴なタッチだけど印象はモダン。
下はニーハイブーツやレギンス、
同じモノトーンのまんまるバッグを持って
やや大人のマリメッコスタイルです。

㋮マリメッコとの出会いは、小学生の頃。

——早熟ですね。

㋮自動車の柄の布で、母がそれをお弁当袋にしてくれていたの。もちろん当時はどこの布なんて考えず、かわいくてうれしいなあって思ってただけだけど。

——それがフィンランドのものと知ったのはいつ？

㋮もう少し大人になって。たしか表参道にマリメッコを扱ってる店があって、そこでその自動車の布を見つけて「あっ！」。

——お母さん、おしゃれだなあ。

㋮洋服を買ったのは、さらにもっと後、フィンランドの本店で。テーブルクロスやランチョンマットは使ってたけど、大胆な柄を自分が着こなせるとは思っていなかったから。

——気持ちが変わったのは？

㋮初めてのヘルシンキの街でマリメッコを着こなすマダムたちをたびたび見かけて、素直に「すてきだなあ」って思ったの。

——それで着てみようと。

大きな波のような柄は
一見、大胆？ と思ったのですが、
着てみると落ち着いた印象。
柄を主役にしたいワンピースの時は
小さなピアスだけが基本。

不揃いの丸が並ぶこの柄の名は「石油」！
じっと見つめると、なるほどなあと。
春から夏にかけては一枚でさらりと、
冬は上にセーターを羽織ったり
下にタートルを着たりと一年中活躍。

㋮ 旅の高揚感も手伝ってか、よし、私も一枚って。

—着てみたら、しっくり。

㋮ フィンランドにいると、こういう気候や風土だからこそ生まれたテキスタイルなんだなって、すごくよくわかった。

—大人が着てますよね。

㋮ そう、大人の大柄な女性が堂々と着てて、すごくキュートなの。

—初めての服はどんなデザイン？

㋮ シャツワンピースだった。何度も着て、もう手もとにないけど。とっておけばよかったなあ。

—すとんとしたデザインは、まさこスタイルそのもの。よく見れば袖も短めなんですね。

㋮ そうなの。娘も「マリメッコの服を着ると痩せて見える。ママの難をかくす服だね」って、妙なほめ方でほめてくれる(笑)。

鎖骨をきれいに見せてくれる
Vネックのワンピース。
からだにぴたりとしすぎず
着ていて楽なのに、
きちんと見えるところがすごい。

目にもまぶしい色合わせですが、
からだにしとやかになじむウール素材。
かわいい！　でも私には無理……と諦めず
いいなと思ったら、ぜひ着てみて。
新しい自分を発見するかも。

――アドバイザーのお墨つき。

㋮腰まわりや二の腕がいい感じにかくれて、手首とか膝下の比較的細い部分だけを見せてくれる。私には絶妙なシルエットなの。

――誰にでも、そんな服があるのかな。真剣に探してみようかな。

㋮きっとあると思う。

――マリメッコは、色も柄も、派手というんじゃない。大胆だけど上品。素朴だけどモダン。

㋮テーブルクロスにしても、ふだんは無地のリネンやコットンばかりだけど、そこにマリメッコのテキスタイルがくると、部屋の雰囲気がぱあって変わる。

――洋服も着ると、うきうき？

㋮そう。疲れてる時とか、じめじめした天気の時とかも、着ると元気になるの。

――そういう服があるのはいいね。

㋮毎シーズン、次はどんな柄が出るのかなって、とても楽しみにしてる。この冬もすでに何着か購入済み。元気になって、しかもほっそり見せてくれるなんて、何てすてきなの！

一目で「あ、マリメッコですね！」
とわかるテキスタイルではありませんか？
そう考えると、このシンプル
きわまりないデザインは
柄を楽しむためのものなんだなぁ、としみじみ。

大好きな朱色の
ジャージーワンピース。
斜めについたポケットや
切り替えのラインのせいか、
シンプルでも平坦な印象ではなく
毎度のことながら、にくいなあ。

P79の左、P81の2着と、左の写真で着用しているもの以外は、2013年のウインターコレクション。まだ、もう少し入手可能です。

P78の右・ELEANA（パターン名／ELLA・女の子の名前）¥29400　バッグは¥14700　左・IHVI（パターン名／LUMIMARJA・雪イチゴ）¥33600

P79の右・AIMOO（パターン名／PETROOLI・石油）¥28350

P80の右・TIKI（パターン名／ATTIKA・古代ギリシャの国）¥58800 左・HALIMA（パターン名／BENUBONO・ベヌボノ）¥33600

 問 ㈱ルック ブティック事業部☎03-3794-9139

旅のスタイル

行きはガラガラ、帰りはパンパン

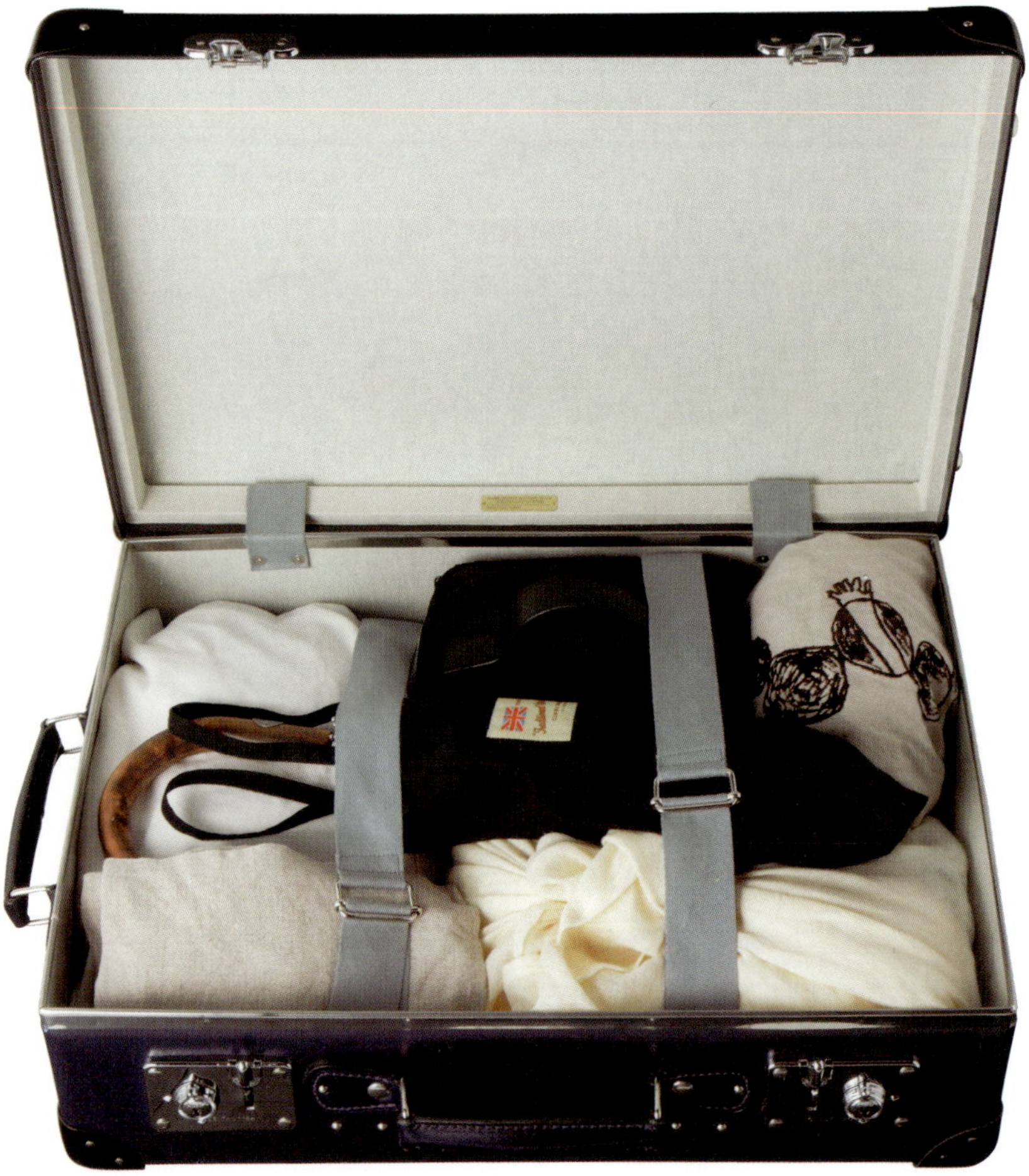

これは１〜２泊の国内旅行のイメージ。
スーツケースは、最近ひとめぼれで買った
グローブ・トロッターです。
開いた時の布張りやグログランのベルトもすてき。
海外旅行は、ふたまわり大きなリモワ、
半分はガラガラで、買ったものを包む
エアパッキンをごっそり詰めていきます。
適当な荷造りでも
同色系の袋にまとめれば美しく見えるもの。

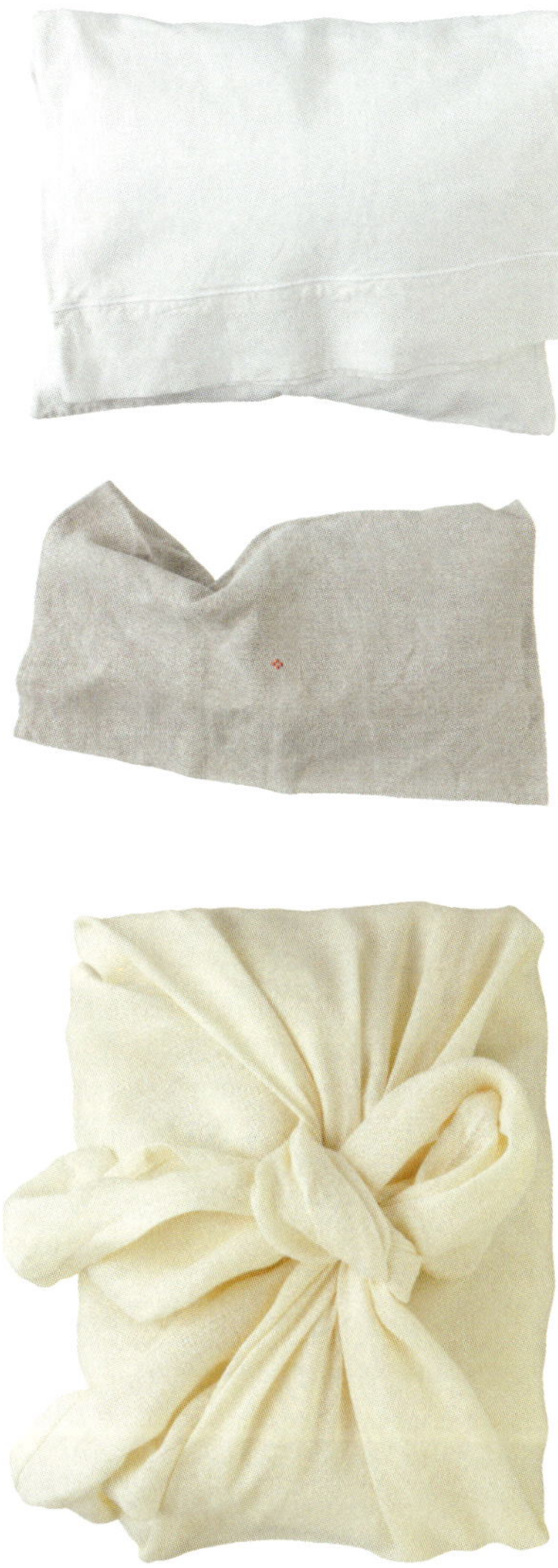

着替えや下着などは
使い古したシーツやカーテン生地を
切って縫った袋やふろしきに。
いろいろな大きさで作ってあって
旅ごとに使いわけています。
折りたたみの傘はイギリスのもの。
質実剛健な見かけに惹かれたのですが
旅にはちょっと重すぎた……。
袋も傘もスーツケースに入れておいて
いつでも旅のスタンバイOK！

——旅じたくは10分とか。

（ま）以前は前もって荷造りしてホテルに送っていたんだけど、こう旅が多いと、そうもいかず、最近は当日の朝にちゃちゃっと。

——そんなにひんぱんに？

（ま）あきっぽいから、ひとつの場所にいられない。動いてないと死んじゃう体質みたい（笑）。

——でも10分って、すごいな。

（ま）化粧品類や常備薬はポーチに入れっぱなしにしてあるし、洋服は適当、レストラン用のフォーマルな服と靴だけ考えて入れて、あとは忘れ物があったら、現地で買えばいいやって。

——潔さが大事。

（ま）外国に行く場合だって、日本にしかないものって向こうの友だちへのお土産ぐらい？ 下着もかわいいものがいっぱいあるし。

——たしかにそうです。

（ま）それから必ず持っていくのが捨てどきの靴で、旅で履きつぶして葬ってくるようにしてるの。

——旅がいちばん歩くから。

（ま）汚れるし、未練もなくなるし。

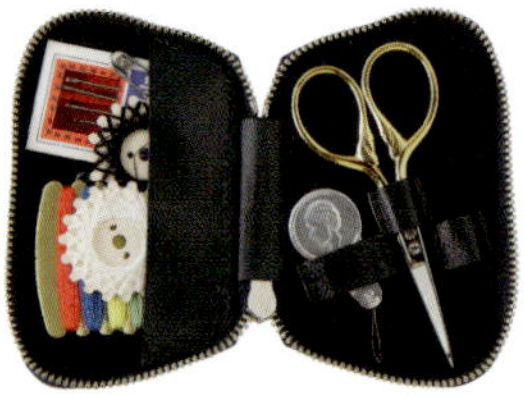

お腹が空くことは私には恐怖なので
旅のおやつはかならず。
最近のお気に入りは
期間限定スヌーピー柄のポッキー。
瓶には、いつも家で食べている
ドライフルーツや飴などを詰め合わせて。
携帯用のソーイングセットと
ピアスの入ったピルケース、
ほっとひと息のお茶やバスグッズ、
日射しに弱いのでサングラスも必需品。
化粧品は無印良品のポーチに。

移動中は仕事、仕事。
原稿のチェックのために
いつもゲラの束を持ち歩いています。
出張中の原稿書きはiPadで。
メールの返事をためるのは嫌いなので
チェックも移動中に。
終わったら読書タイム、
文庫はいつも1〜2冊バッグへ。
何かと便利なストールはn100
(リネン+カシミヤ)、
手荷物用バッグはマリメッコです。

—飛行機の中では眠れる?

ま 夜ぐっすり眠るから、眠れない。仕事したり、乾燥対策で化粧水パンパンはたいていたり。私、飛行機、大嫌いなの(苦い顔)。

—それは意外。

ま 狭いところと高いところは恐怖。

—ホテルは好きでしょ。

ま 大好き！ 清潔で、いつでもスタートラインって感じが。着いたらすぐに荷物を所定の位置にしまって、自分の部屋づくり。

—ルームウエアは持っていく?

ま 家と同じハンロのキャミワンピが多いかな。足もとはビーサン。案外、旅の時の方が時間があるから、爪や足のお手入れをゆっくりしてみたり。

—行きはガラガラのスーツケースが、帰りはパンパンになる。

ま 割れものも重いものも平気で買うから、友だちに心配されるんだけど、私、パッキングの女王と呼ばれていて(笑)。

—帰国時には、すべてきちんと納まるというわけね。

ま 梱包は大の得意だもん。

着物

ふだんに着たい

「いい信州紬の反物が入ったよ」
松本の骨董屋さんから知らせを受け、
さっそく見に行ってひとめぼれ。
華やかな橙色ですが
意外やしっとりした印象に。
秋のはじまりに着たいと思ったのですが
暑がりなので単衣仕立てにしてみました。
エスニックな雰囲気の帯はアンティーク。
珊瑚の帯留めで
全体的に明るめの色合いに。

こちらも信州の作家さんの作品。
地味だけど無性に惹かれ、
反物を広げて、あててみると
顔うつりも悪くないので
さっそく仕立ててもらいました。
帯は着物の大先輩からのいただきもの。
墨色の帯締めは
京都の組紐屋さんに染めていただいたもの。
バッグもシックな色で大人の着こなし。
下の半幅帯は大昔に買ったアンティーク。
紫の落ち着いた色合いがお気に入り。

—着物道はいつぐらいから?

(ま) 10年ぐらい前かな。かわいい服が着たいのと同じ感覚で、急に着たくなった。諸先輩方から「着物はハマったら散財覚悟だよ〜」とおどされたけど、なんだかんだと10年。

—最初から、お仕立てを?

(ま) 最初は骨董市でアンティーク着物を買ったの。すぐにでも欲しくて、ええいと買ったからサイズが全然合ってなくて、結局着てないんだけど。

—アンティークはサイズが合えば手頃だけど、昔の着物は裄丈が短いものが多いでしょ。

(ま) 失敗してからは、自分の寸法一覧を作ってもらって、買う時はそれを見せるようにしてる。反物から仕立てる時はもちろん。

—着物を選ぶ時の基準は?

(ま) 洋服とまったく一緒。好きか、嫌いか。

—どんなものが好きなの?

(ま) 色合いの好みもあるけど、決め手は素材かな。てろっとした訪問着的なものより、しゃりっと

着るほどに、からだになじむ
三河木綿の着物。
黄色の半幅帯でおキャンな印象に。
半幅帯なら、着つけも自分でできるので
なんとか暮らしの中に
取り入れたいと思っているところ。
近所に大根買いに行ったり、
割烹着姿でお料理したいものですが
なかなかかなわず。
でもいつか！

絣がかわいい麻の着物は
沖縄の骨董屋さんで手に入れました。
身八つ口や襟足から風が通って
なんて涼しいの！
同じく麻の帯は京都の骨董屋さんで。
お隣も沖縄の夏の着物ですが
こちらは目黒の古着物屋さんで購入。
並べてみるとやっぱり
選ぶテイストが似通ってますね。

した紬、麻や木綿の着物が好きみたい。

――こうやって見ると、色無地か格子か絣。一般的にいえば、地味好みってことになる。

㋮半襟も足袋も絶対白って決めてるの。いまは、いろいろな色や柄物が出てるけど、着物に関しては案外コンサバ？

――いまの若者たちは、けっこう冒険してるよね。

㋮そう（苦い顔）。京都とか歩いていても、たぶんレンタルだと思うんだけど、全身柄みたいな子たちがいっぱいいて。

――カラフルというか賑やかな。

㋮楽しそうだから、着物を普及するという意味ではいいと思うけど、あそこからはじめていいのかなとはちょっと思う。

――素材もポリエステル。洗えてラクなんだろうけど、オーソドックスにこだわりすぎると敬遠されるし、そこは難しい問題。

㋮うちの娘も「着物は正統派がいい」と言っていて、親としては安心してます（笑）。

松本で3代続く藍染め作家さんのもの。
きりっとした藍色が夏の空に映えます。
麻の帯を締めて
しゃきっといなせに着こなしたい！
この帯はリバーシブルで
裏（表？）が左ページのからし色に。
うちわは名産地、香川の丸亀にて購入。
シンプルに着る浴衣こそ、
うちわやかごなどの
小物には気を配りたいものです。

右ページの色ちがい、
こちらは松の煤を使って染める
「松煙染め」と呼ばれる染色方法。
同じ型を使っているのに
藍はきりり、
松煙染めは、はんなりとした
まったく別の印象が漂うからふしぎ。
浴衣ですが、
半襟をつけて帯締めをしておめかし。
お出かけにも重宝する一枚です。

——着つけは自分でできるの？

㋮半幅帯ならできるけど、へた。結びものは得意のはずなのに、おかしい（鼻をふくらます）。

——じゃあ、着せてもらうんだ。

㋮着つけ名人が近所にいるんで……。ふだん着たいとか言って、他人まかせじゃ、だめだよね。

——ふだんというのは、家で？

㋮それは究極で、ちょっとしたお出かけ、レストランで食事とか、すてきな喫茶店にお茶を飲みに行くとか、そんな時にさりげなく着られたらいいな。

——いまはどんな時に？

㋮京都にも着つけができる知り合いがいるから、京都ではよく着てる。

——しかし浴衣まで色ちがいで買ったとは豪快な㋮らしい。

㋮だって、藍染めと松煙染め、全然違うじゃなーい。

——たしかにこれは甲乙つけがたい。どっちもすてき。

㋮取材で工房に伺ったんだけど、ほんとうに手間のかかる仕事で感動して、袖を通さずにはいら

目にもやさしげな生成りの地に
細い黒の格子柄の紬は
信州・上田在住の作家さんのもの。
着るとはんなりした雰囲気になります。
グレーの帯に、うす桃色の帯締めなんて
コーディネートもすてきですが、
紺の帯できりっと引き締める方が
私には合うみたい。
上の半幅の赤い帯を締める時もあり。
帯はどちらも京都の骨董屋さんにて。
かごはあけびを選びます。

着物まわりの小物たち。
帯締めは寒色系と暖色系にざっくり分け、
上田紬の作家さんにいただいた端切れを
自分で縫い合わせた
ふろしきに包んで収納。
足袋は、木綿は京都の分銅屋さん、
麻は浅草のめうがやさんのもの。
草履と下駄は基本的にこの２足を愛用。
浴衣の時は
ペディキュアもピアスもなし。
昔ながらの着方がすてきと思っています。

れなくなった。着てみないと、原稿も書けないしと思って。

―浴衣の帯はリバーシブル。

(ま) そんなに買えるものじゃないから使える2色を。帯を買う時は面倒でも必ず着物を持っていって、合わせてみることが大事。

―なるほど。

(ま) 柄や素材合わせとか着物にはマナーがあるから、そういう時にお店の人に聞くようにしてる。

―10年着てたら、帯が苦しいなんてことはもうない？

(ま) 帯をほどいた時は、たしかにスケート靴脱いだ時みたいな解放感だけど(笑)、着つけがよければ、背中や腰がしゅっとして逆に気持ちがいいの。

―着物着ると、何かが変わる？

(ま) ひとつ言えるのは、信号じゃないところで道を渡ろうとする時車が止まってくれる、ような気がする(笑)。

―着物道はこれからも？

(ま) いつかは娘に渡したいし、いいものをじっくり吟味してね。

小さな
バッグ

持っているだけでうれしい

ブルーのお花が編み込まれたバッグは
お気に入りのジャマン ピュエッシュ。
ジャマンのバッグは
デコラティブなのにゴージャスにならず、
かわいらしいところが好き。
パリに行くと記念にひとつ買ってしまう。
かごにレースのエバゴスのバッグは
夏はもちろん冬にも大活躍。
すみれ色のバッグは
ストラップをつければポシェットにも。
横長の布製バッグは
ほぼ空のまま小脇に抱えていることも多く、
アンティークビーズのバッグは
着物と合わせることも。
どれもこれも
びっくりするほど収納力なし。

右は、ミナのがま口バッグ、
パッチン部分が鳥ちゃんです。
柄の名前が「タンバリン」ときては
持つだけで心も弾むはず。
左は、ジャマン ピュエッシュ。
ここにもリボン！
ミントグリーンに
グレーの色合わせがかわいい。

バッグだけは、あまり機能にとらわれることなく自由に選んでいます。基準は「持っていてうれしいこと」。結果として、小さなバッグばかりになったのは自分でもふしぎなのですが、ここに並んだバッグたちの反・質実剛健ぶりといったら、収納力はゼロに近い。

お財布とハンカチ、グロスにコンパクトが入ればいいほうで、中には、お財布すら入らず、名刺入れやポチ袋（！）にカードとお札を数枚しのばせて入れたりして、我ながら涙ぐましいったら。

もともと重い荷物を持って歩くのが大嫌い。ただ仕事の時はそうもいかず、大きな革のバッグを探してはみるのですが、背が低いせいかバランスが悪く、結局かごにしたりして………。

もしかしたら私の小さなバッグ好きは、荷物が少なくていい、その時間そのものにうきうきしているのかもしれません。仕事でもない、日常の買い物でもない、「お出かけ」気分がそこには詰まっているのかも。

ウッドビーズのシックなバッグは
ベージュや茶系のコーディネートの時に。
P19にも登場している
グリーンのリボン編みバッグは
ジャマン ピュエッシュ。
真ん中の段、右の黒いバッグは
古着屋さんで見つけたもの。
これは編めるなと思い、
左のふたつは、それをもとにして
ムーリットという毛糸屋さんにたのんで
編んでもらったもの。
近々、キットとして売り出す予定も！
左下のバッグはモロッコ製。
P36の赤のものと色ちがい。

アーツ＆サイエンスのがま口バッグ。
中身はミニバッグを持つ時の
ミニマムアイテムで、
シャネルのリップグロスに
ポール＆ジョーのコンパクト、
お金はポチ袋に入れて。
レースのハンカチに携帯電話。
これだけで出かけるという身軽さが
うれしいんだな。

秋

春の声を聞いたとたんに素足になるように、
秋の声を聞いたら、タイツにブーツ。
残暑のつづく9月でも、まさこ暦ではもう秋です。
コットンやリネンは少しずつフェイドアウト、
半袖や薄手のカシミヤの出番がふえ、
色合いもネイビーや茶色でシックな感じに。
ただ、暑そうに見えては、おしゃれとして失格ですから、
ほんとは「えーい」と脱ぎ捨てたいほど暑くても、
へっちゃらを装うことを心がけるそうです。
こうして四季を通じて見ると
まさこスタイルの基本って、やっぱりやせがまんなのかも。
理想はつねに高く、自分はこうありたいという
イメージをしっかりもつことなのかもしれませんね。
夏のはじめにビーサンを買いこむように、
今年はどんな色にしようかなと
あれこれタイツを見つくろうのも秋の行事です。

秋は微妙な季節です

ニットのうしろリボン、小さめバッグ、
ギャザースカートにヒールの靴。
これぞ、ザ・まさこスタイル!
という感じのコーディネート。
ニットはカシミヤでドゥロワー、
バッグはパリのジャマン ピュエッシュで
数年前に購入。
ギャザースカートは&の真っ白、
キャメル色のワンストラップの靴は
京都のセレクトショップで。
イタリア製らしいです。
グリーンの色合いや、
ギャザー、ビーズ、リボンなど
かわいらしいもの勢揃いなので、
ノーアクセサリーで
すっきり見えるように心がけます。

—秋は微妙なの?

(ま) 9月といえば気分的には秋なんだけど、実際は、まだまだ暑い。それでもニットを着たいから着ては「暑い、暑い」って心の中で。

—春と逆のパターン。上のコーディネートは、色は夏っぽいけど素材はカシミヤ。

(ま) これは春でもいい組み合わせ。

—まだ素足なのかしら。

(ま) 9月に入ったら、できるだけ早くタイツをはきたいけど、どうしても暑い時は素足。ナチュラルストッキングははきません。

—素足かタイツかってことね。

(ま) そう。秋は暑くてもなるべく早くタイツに、春は寒くてもなるべく早く素足に。

—やせがまんして。

(ま) 鼻歌まじりで。

—でも、どうしてそこまでして季節を先どりしたいのかな?

(ま) わからない。私、動物に近いのかも。くんくん、あ、秋の風、毛を着なきゃ。

—暑がりのくせにね。

(ま) ほんと、あっつ(汗をぬぐう)。

コクーンに
ブーティー、
大好きなバランス

コクーン型のワンピースは
マリメッコのもの。
微妙なツートンが気に入っています。
黒のロングブーツと
黒のタイツでまとめるとかっこいい雰囲気に。
でも私は
かっこいいのはあまり似合わないので、
これまた微妙な色あいのタイツとブーティーで。
ブーティーはアンテプリマのものです。
襟もとがすっきりしているので、
わりと大きめの輪っかの
ゴールドピアスなどすることも。

もしかして
ネイビーが
まさこ色!?

フォルテ フォルテの水玉ワンピース。
てろんとした素材で
懐かしい雰囲気が漂います。
ワンピースの素材感を損なわないよう、
上に羽織るのは
ジョンスメドレーの薄手のカーディガン。
足もとはスエードの
シンプルなヒールの靴を。
襟なしのハーフコートを着れば、
裾から少しだけ見える水玉がかわいい。

そしてまた襟なし。
今度はジャケットです。
薄手なので初秋の装いですね。
ジャケットはマルニ、パンツはザラ、
ハラコのブーツもマルニです。
革のバッグだと
スマートになりすぎるような気がして、
エバゴスのかごバッグを。
これは7年くらい前からずっと愛用。
娘のつきそいで行くことが多いザラ。
雰囲気にのまれて思わず買っても
すぐに着なくなることも多いのですが
このパンツはよくはいてるの！

――今回ワードローブをあらためて見直して、ネイビーの服が多いことに気づいたとか。

㋮着ていて落ち着くから好きだけど、こんなに持っているとは思っていなかった。

――肌の色にも合うのかな。朱色はいいけど、赤は似合わないとも言ってましたね。

㋮薄いピンクもダメ。肌と同化しちゃうのか、全体がぼやけた印象になっちゃう。

――自分に似合う色、似合わない色を知るのはおしゃれの鍵。

㋮私も薄いピンクが似合う女の子になりたくて、こりずに何度かトライしたけど失敗続きで断念。でも、失敗のおかげで自分を知るのだと自分に言い聞かせて。

――P109のコーディネートはまぶしい。グリーンもお似合い。

㋮あれは上下を別々に買ったんだけど、合わせてみたら、あれ？みどりみどりも悪くないじゃんって。意識していなかったけど、どちらもソフィードール。

――周期的に鮮やかな色が入る。

こちらのコートワンピースも
&のもの。
インナーは、色を合わせて
ジョンスメドレーのタートルを。
スメドレーのタートルは
毎年少しずつ買い足していますが、
とても重宝しています。
バッグは、おととしのパリ旅行で
買ったジャマン ピュエッシュ。
ニーハイブーツはブレイズというブランド。
とても歩きやすくて、
膝上まであるのでとにかくあったかい！

㋮ 時々、無性に強い色が着たくなって、そういう時に血迷って買っちゃうの。

―血迷うのも悪くないです。

㋮ 私は基本は地味だと思うんだけど、色も大好き。いろんな色があれば、色合いを微妙なグラデーションで揃えることもできるし、あえて揃えない、はずしコーディネートも楽しめる。

―このページの2体はジミヘン(地味編)。この恰好、ちょっと古風というか、昔の少女マンガに出てくる女の子みたい。

㋮ え？ ドレステリアだし、ニーハイブーツだし、ジャマン ピュエシュなのに？

―シルエットというか、まさにトックリと呼びたくなるタートルの着方かなあ。

㋮ そういえば、こんなコーディネート、いまのファッション雑誌に出てこないね。フフ。

―でも、かわいい。好きです。

㋮ ちょっと小椋冬美チックというか？

―陸奥A子とか？

ワンピースはドレステリアのもの。
ずいぶん前に買い、
しばらく着ずに寝かしておきました。
何年かぶりに出してみたら、
新しい服を着た時のウキウキ感が！
ミニ丈なので、これまたニーハイブーツを合わせ、
ワンピースの中にはカシミヤのタートルを。
斜めがけしたバッグはジャマン ピュエッシュ。
旅に出る時は、こちらのバッグに
お財布や携帯電話やハンカチを。
下のボッテガ・ヴェネタのトートに
着替えや化粧道具を入れてＧＯ！
このコーディネートもバッグがポイントです。

襟ぐりの開いたネイビーのワンピースは
ドレステリアのオリジナル。
ウエストのやや上にゴムが入っており、
てろんとした素材ともあいまって
エレガントな雰囲気。
「女優ワンピース」と友人が命名。
てろんとした素材を着る時は、
一日中お腹をひっこめて
姿勢にも気をつけて歩きます。
らくちんな服もいいけれど、
たまには気を引き締めないと大変なことに！
コートワンピースはマルニ、
バッグはミナ、
タイツは微妙な色あいの群青色。
全体的に青っぽいので、
茶色のブーティーを合わせてみました。

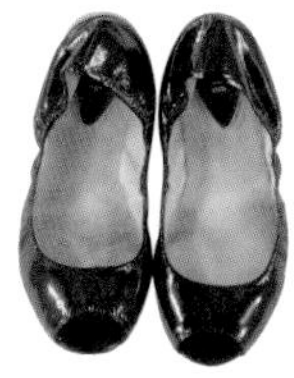

肩の部分のデザインが凝ってる
ノースリーブのブラウスは
ソフィードールのもの。
肩まわりのサイズ感がぴったりで、
着ると、腕のラインがきれいに
見えるところがお気に入りです。
ブラウスがかわいらしいので、
ドレステリアのデニムのハーフパンツを。
靴はエナメルのバレエシューズ、
小さめの黒バッグで
ちょっとおしゃれしました。
半袖ニットもソフィーのもの。
ざっくりした印象ですが、
ギャザースカートなんかとも
相性がよくてお気に入り。

㋮子供の頃、小椋冬美さんのマンガに出てくる女の子のおしゃれが好きだった。主人公はいつもふんわりスカートで。あ！　私のギャザースカート好きって、もしかしたらそこからかもー。

——まさこスタイルの原点発見！

㋮タートルセーターは昔から好きで、肌ざわりのいいジョンスメドレーのタートルは、毎年買い足しているの。

——2年ぐらい前かな、洋服のプロに「今年はタートルはアウト」って言われたシーズンがあって、タートルにも流行があるんだと驚いたことがあります。

㋮えー、全然着てました、私。

——着たければ着ればいい、と。

㋮もちろん。トレンド？　何ですか、それ？（悪い顔）

——そのブレない自信がうらやましい。

㋮ほんと、よくも言えたもんですよね（笑）。でも私、他の人が言うこととか、あまり気にならないみたいなの。

——強いお方だ。

半袖ニットとシルクのスカートが合体した、
一見ワンピースに見えないワンピースは
ドゥロワーで買ったインポート。
襟ぐりの開きぐあいのせいか、
着るとエレガントな雰囲気。
夜、レストランへお食事に……なんて時に。
生成りのストールはカシミヤ。
エナメルの靴とアンティークのバッグで
おしゃれしてみました。
ちなみに足もとは素足です！
少し大きめのパールのピアスをつけて。

リバティプリントのワンピースと
グリーンのコートはA.P.C.のもの。
コートがやや硬い素材なので
薄手のコットンのワンピースで軽やかに。
日本では小花柄が
人気のリバティプリントですが、
私は個性的なこんな柄も大好き。
このワンピース、夏は一枚でさらりと。
柄が複雑なのでシワが目立ちにくく
旅にも重宝。
ロベルト デル カルロのスエードブーティー、
グリーン系のタイツを合わせて。

気持ちを
明るくする
ビタミンカラー

鮮やかなグリーン、
ニットもスカートもともに
ソフィードール。
セットで買ったわけではなく、
別々のシーズンに購入したもの。
印象的な色の組み合わせなので
靴は茶色で抑えぎみ。
このサルトルの靴を履くと、
背が高くなって、
全体のバランスがよく見える！
ということで、かなり出番の多い靴。
しかもとっても歩きやすいんです。

㋮ 近頃、またまた発掘品が多くて、昔の服を新鮮な気持ちで着てる。でもそれって、昔から好きなものが変わらないって、やっぱりそこにたどり着くんだけど。人にあげなくてよかったー。

—でもねえ、まさこさん。

㋮ なーに？（にこにこ）

—いつ言おうかと迷ってたんですけど、服、持ちすぎじゃないですか？

㋮ え、そう？（眉間にシワ）

—ふつうは、もうちょっと少ないかなあ。

㋮ ふつう？（目が点）私はこれが〝ふつう〟だと思ってた。

—それ、何基準ですか？

㋮ ……まさこ基準（照れる）。

—だいたい、こんなにたくさんは着られないでしょう？

カシミヤのボーダーニットは
ドレステリアで買ったインポート。
靴はマーガレット・ハウエルのエナメル。
ニットも厚手、
パンツも素材がフラノで
ボリュームもある形なので
バッグをかごにして軽やかに。
ポイントにマフラーをくるりと巻いて。

㋮（ワードローブをしばし確かめ、奮然と）全部着てる。もやってる服はないと思う（きっぱり）。

――着なくなった服とかは、どうしているの？

㋮自分と体型が似た女の子にあげたり、くたびれていたら潔く捨てる。着ない服をおいてある、そのスペースのほうがもったいないと私は思うタチ。

――たしかに、それも一理あります。

㋮でしょ？

――ところで秋のかご（←）、かわいいですね。

㋮かごには一年中助けられてるかな。持つと、軽やかになるような気がするから、全体のボリュームを引き算したい時とか。

――秋冬は洋服が重たい感じになるからとくに。

㋮今回気づいたんだけど、私って、やりすぎないように、軽やかにってことを、いつも考えているみたい。

――すっきり見えるように、という発言はたしかに多い。

㋮はりきってアクセサリーをつけ

初めての毛皮はデニムと

リス（!）の毛皮のジャケットは、
松本の洋服屋さんのウインドーに
飾られていて気になっていたもの。
でも高くて買えなくて……。
シーズンが変わった時、
なんとなくお店の人に聞いてみたら
何と70%オフにしてくれるって!!
買いましたよ、もちろん。
とっても軽くて柔らかい毛皮ですが、
はきなれたデニムなどと合わせないと
私には似合わない。
マダム風な装いは、自分じゃないようで。
インナーはパリの子供服、
ボンポワンのレースのブラウスで軽やかに。
靴はすっきり黒。

重い色合いは、
かごで
軽やかさを
演出

ユリ・パークのニットは、
ずいぶん前にドゥロワーで購入。
お花がついているにもかかわらず、
デコラティブな印象を受けないのは、
色合いのせい?
ふだんはデニムに
合わせることが多いのですが、
たまにギャザースカートと
コーディネートして乙女を演出。
靴はマルニのハラコ、
濃い色の分量が多いので、バッグはかごに。
こちらはスウェーデンのアンティーク。

朱色が印象的なこのジャケット。
「どこの?」とよく聞かれますが、
ミナです。
あ、七分袖にノーカラー!
まさこスタイルの定番ですね。
同じく朱色のニットは
ドレステリアの薄手のカシミヤ、
生成りのキュロットを合わせてみました。
足もとは黒のブーツですっきりと。
無地ばかりで
襟もとが寂しかったので、
首にムーミン柄のハンカチを
巻いてみました。

ても、玄関の鏡を見て、違うなってはずしたり、そんなことばかりしてる。

——飾るという意味ではピアスぐらいだものね。

㋮ 飾る……そうか、私の場合、アクセサリーのかわりが小さなバッグなのかも。

——だから何も入らなくてもいいのかな。それ自体が装飾品。

㋮ 持っているだけで、お出かけ気分だし。あの、持ってるだけでうれしい気持ちって、いったい何なんだろう。たとえば日傘もそうでしょ、レースのハンカチとか銀のピルケースも。

——すべからく乙女の嗜好品ですよ。

㋮ よかったー、少しでも乙女心が残ってて。

——でも、㋮と話して、おしゃれって自分を喜ばせることなんだなって学びましたよ。怠けてたらいけませんね。

㋮ 女の子に生まれたからには、楽しまないと!

おとな買い

色ちがいは違う服

素材はコットンでも、
ヒールの靴を履けばエレガントにもなる
ドレステリアのワンピース。
茶色はシック、ピンクは華やかな感じに。
じつは茶色をまず先に買い、
何度か着ていい感じだったので
数日後、ピンクを買いに走りました。
一度に2着買わず
よければ、ふたたび買いに行く……
そうして私の
色ちがい服は増えてゆくんですな。

＆のコートワンピースの裏地は
花柄のリバティ。
これを見てしまったら、
色ちがいで揃えないわけにはいきませんっ。
どちらも落ち着いた秋らしい色合い。
風が冷たくなってきたな〜と思ったら
いそいそと羽織っています。

好きになれて、しかも自分にぴったりな服って、そうそうあるものではありません。だったら色ちがいでもう一枚、そう考えるのが自然ななりゆき……と思っていたのは私だけ。みんながみんな、そうではないと知った時はほんとうにびっくりしました。

そもそも試着が面倒なので、着てみて「いいかも」と思ったら別の色も買っておく……という、おしゃれ心とは正反対の気持ちがおもとにはあります。クローゼットに同じ形で色が違う服が仲よく並んでいるなんてしょっちゅう。でも、色が違えば気分も違うし、着ていく状況も変わるし、私にとっては全然違う2枚なんです。

友達からは「ねえ、これと別の色、この前着てなかった?」とか、「黒と色の2色ならわかるけど、この微妙な色ちがいって……」とふしぎがられていますが、「それが何か?」という態度で乗り切っています。

ふつうって人によって違うんですね。

きれいな紫とコバルトブルーの
カシミヤマフラーは
パリのデパートのオリジナル。
一枚は自分用、
もう一枚は母へお土産……
のつもりでしたが、
結局、どちらも自分用。えへへ。

持っていると重宝する
プレーンな形のカシミヤのタートル。
他に黒もあり。
大切に着て、一枚、また一枚と
増やしていけたらいいな。

セレクトショップで
まずはナチュラルな色を。
あまりに便利なので、1か月後に
また別のセレクトショップで
濃いネイビーを買い足しました。
かごだけど、ナチュラルすぎない
洗練された感じが好きな理由。

大好きで、いくつも持っている
ミナのミニバッグ。
こうして並べれば
「色ちがいはまったく別のもの！」
という気持ち、
わかってもらえるはず。
雰囲気が全然違うでしょう？

サイのリネンのブラウスは
タックがたくさん。
ギャザーもたっぷり。
デニムと合わせて、さらりと着ます。
他の色も欲しいぐらい好き。

台湾で見つけたハデハデ色のサンダル。
1足1000円くらいだったので
迷わず2足買い。
思いきった色合いは
ふだんは買うのをためらいがちですが、
こんなかわいいお値段だと
お財布のヒモもゆるんで。

京都のセレクトショップの
セールで見かけたエナメルの靴。
50%オフだから2足買っても1足分？
旅の高揚感も手伝い、
セールの魔力に取り憑かれ、
気がついたら
箱を2つ抱えていました……。

おしゃれルール

まさこスタイルの奥義は
乙女心とやせがまん

一、 袖は七分丈、襟はノーカラーが定番スタイル。

二、 タイトな服の時はお腹に力を入れて。

三、 肩まわりのサイズがぴったりだときれいに見える。

四、 足もとは鉄則〝女らしく〟。

五、 パフスリーブ、うしろリボン、膝丈は好きがつまった服。

六、 タイツはいろいろな色を買って冒険をする。

七、 リボンはひとつだけがお約束。

八、 たまには素足を人目にさらす緊張感も必要。

九、何も入らない小さなバッグがスタイルの決まり。

十、ニットでさまになるのは着こなしではなくからだの問題。

十一、首のラインや胸もとがきれいに見える服を選ぶ。

十二、かごは全体のボリュームを引き算したい時。

十三、大事なのは着飾るよりも整えること。

十四、ネイビーが好きだけど時々強い色が着たくなる。

十五、からだってほうっておけばもやる一方。

十六、化粧品は顔とからだと分けていない。

おしゃれインデックス

ひとめでわかる！まさこスタイル

p8 p9 p10 p11 p12 p13

p14 p15 p16 p17 p18 p19 p20 p21

p32 p33 p34 p35 p36 p37 p38 p39

p40 p41 p42 p43 p43 p54 p55 p56

p57 p62 p62 p63 p63 p64 p65 p65 p66

p75 p74 p73 p72 p71 p70 p69 p68 p67

p81 p81 p80 p80 p79 p79 p78 p78 p77 p76

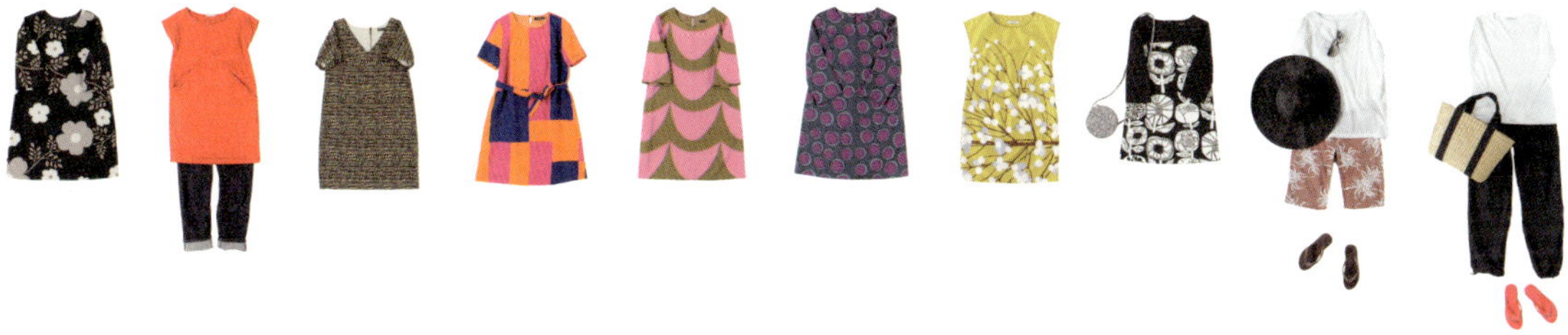

p92 p91 p90 p89 p88 p87 p86

p106 p105 p104 p103 p102 p101 p100

p113 p112 p111 p110 p109 p108 p108 p107

おわりに

いかがでしたか、ザ・まさこスタイル。「どうだっ！」と言わんばかりのタイトルに、びっくりした人も多いのではないでしょうか。

そのわりに洋服を着ている私の写真が4・2センチ（小社実測）と小さいじゃないか、ですって？

そう。年齢を重ねてきた……と言えば聞こえはいいけれど40代になって、からだもお肌もだんだん下降線。おしゃれは好きだし、おしゃれの話をするのも大好きだけど、自分に自信なんてない。

ぜーんぜんないのです。

無理して若ぶることもないけれど、汚なくなっていくのはイヤ。

大好きなギャザースカートやワンピースをいままでのように着るにはどうすればいいの？

あれこれ考えて、いろいろ試して。そんなこんなで行き着いたのが、自分キーピングというわけ。

とはいっても、ダイエットしたり、お肌のためにお酒をひかえる……なんてこともしていません。なにしろエピキュリアンですもの。

好きなものを食べて、たくさん眠る。

それこそが、まさこスタイルなのです。

なーんて我が道を突っ走る私ではありますが、
髪にちらほら白いものが混じりはじめたり、
二日酔いの朝の顔色は今後何色に変わっていくのか心配。

二の腕問題だってまだ解決の糸口は見つかっていません。

おしゃれ道には終わりなし。道のりは長いのです。

いつの日か、ザ・まさこスタイル〈おばあちゃん編〉が作れるよう、精進しないといけませんね。

伊藤まさこ

伊藤まさこ
1970年神奈川県横浜市生まれ。文化服装学院デザイン科卒業。料理や雑貨のスタイリストとして女性誌や料理本に携わり、その後自分の服作りから暮らしの道具や生活、京都や松本などを紹介して人気者となる。センスのよさと清潔好き、ていねいな暮らしぶりは女性の憧れ。著書は『京都てくてくはんなり散歩』『松本十二か月』『伊藤まさこの台所道具』『伊藤まさこの食材えらび』『軽井沢週末だより』『台所のニホヘト』など多数。『京都てくてくはんなり散歩』の第2弾が10月末に刊行予定。

ブックデザイン
渡部浩美
文
伊藤まさこ　鈴木るみこ
撮影
広瀬貴子
PD
千布宗治　石川容子
着つけ
木村智華子
校正
山根隆子（c-enter）
編集
岡戸絹枝

＊本書で紹介している服は私物ですので購入できないものがほとんどです（P78〜81の一部を除く）。ご了承ください。

あたまからつま先まで
ザ・まさこスタイル

2013年9月30日　第1刷発行
2013年10月21日　第4刷発行

著者　伊藤まさこ
発行者　石﨑 孟
発行所　株式会社マガジンハウス
〒104-8003
東京都中央区銀座3-13-10
受注センター　☎049-275-1811
編集部　☎03-3545-7060

印刷・製本　凸版印刷株式会社

ISBN978-4-8387-2562-5　C0095